新潮新書

古市憲寿

FURUICHI Noritoshi

だから日本はズレている

JN283887

566

新潮社

はじめに　不思議の国の「大人たち」

『絶望の国の幸福な若者たち』という本を出版してから、「若者」として様々な場所に呼ばれる機会が増えた。僕自身1985年生まれの20代で、「若者」が「若者」について語るというのが目新しかったのだろう。

政府の会議、企業向けの講演、政治家との討論番組などで、僕はよく「若者」代表としての発言が求められる。そのような場で大人たちは、よく「若者のことがわからない」という。そして「若者」のことを知りたがってくれる。この国の大人たちは「若者」について興味津々なのだ。もっとも、それは最近に始まった現象ではない。

文芸評論家の斎藤美奈子によれば、日本で爆発的な売れ方をした文学作品には次のような特徴があるという。①若い作家が書き手で、②デビュー作かそれに近い作品で、③作家本人も魅力があり、④今風の若者たちが描かれているらしい作品。

古くは石原慎太郎の『太陽の季節』から始まり、村上龍の『限りなく透明に近いブルー』、田中康夫の『なんとなく、クリスタル』、綿矢りさの『蹴りたい背中』、最近では朝井リョウの『桐島、部活やめるってよ』などがこれらの条件を満たした小説だ。

しかし僕からしてみれば、「大人たちの世界」のほうがずっと謎に包まれたものだった。特に、国や企業などの上層部にいて、今の日本を仕切っている偉い人には謎が多い。ただ「強いリーダー」を待望するだけで、なかなか自分では動き出さない。「クール・ジャパン」や「おもてなし」と言いながら、内実は古臭い「挙国一致」の精神論。これからは実力主義の時代だと煽りながら、結局はひとを学歴や社歴でしか判断できない。自分ではそれほどITを使えないのに、やたら「ネット」や「ソーシャル」の力を信じている。これらの「勘違い」はどこからくるのだろうか。

国や企業の偉い人たちのこうした考え方は、往々にして、ピントがズレていたり、大切な何かが欠けていたりする。僕がこの本で考えてみたいのは、なぜこの国はいつも大事なときにズレてしまうのか、ということだ。

優秀な人材と巨額の予算が投入されたはずのプロジェクトなのに、どう考えても頑張りどころが違う。消費者のことを必死に考えていたはずなのに、誰も欲しがっていないようなサービスを生み出してしまう。そんな日本の中の様々な「ズレ」の正体を本書では明らかにしていきたい。

もっとも、『だから日本はズレている』という題名に反して、僕のほうがズレている可能性もある。まだ「若者」であるし、友人と会社は経営しているが大企業で働いた経験はない。受験に苦しんだこともなければ、就活をしたこともない。いわば、「既得権益」の半部外者として暮らしてきた。

しかし、だからこそ見えてきた「ズレ」がある。その意味で本書は、世間知らずの「若者」が、日本に棲息する多数の偉い人や、立派なサービス、巨大なプロジェクトに出会い、感じ思ったことを記した観察録でもある。

大きく分けて本書は二つのパートに分けられる。前半は、文字通り日本の大きな「ズレ」に焦点を当てる。そして後半では、「ズレ」の中でもがき苦しむ「若者」たちを描いていく。最終章では、様々な「ズレ」を放置し続けた結果、この国はどうなってしまうかを予測した。各章は独立しているので、どこから読んでもらっても構わない。

「ズレ」というのは、なかなか当事者には気づきにくいものだ。本書を読み終えた方が、自分の「ズレ」に気づくのか、周囲の「ズレ」に納得するのか、それとも著者の「ズレ」に怒るのか、それは僕にもわからない。どちらにせよこの本が、日本の「ズレ」を少しでも解消することに一役買えれば嬉しい。

目次

「リーダー」なんていらない

日本では定期的に「強いリーダー」待望論が盛り上がる。企業の業績も、山積する政治問題も、解決の糸口が見えない外交問題も、強いリーダーが何とかしてくれる、と。しかし本当にそんなうまくいくのだろうか。実は現代社会において一人のリーダーにできることなんて限られている。実は、リーダーの本質は「強さ」ではない。リーダーにとって最も大切なこととは何なのかを考えてみた。

日本には真のリーダーがいない？

ＮＨＫスペシャル「日本新生」という番組に討論のゲストとして呼ばれた。テーマは「生み出せ！ 〝危機の時代〟のリーダー」。日本では首相が短期間で次々と交代したり、大企業のトップも相次いで不祥事を起こしたりする。スティーブ・ジョブズみたいなカリスマ起業家もいない。なんでこの国には彼のような「真のリーダー」がいないんだろう、みたいな内容だった。

なんでリーダーとは最も縁遠そうな僕みたいな人間が番組に呼ばれたのか全くわからないが、好きなことを適当に発言してきた。

なぜ日本にはスティーブ・ジョブズみたいなリーダーがいないのか。放送は2時間以上、収録も4時間以上かかった番組だが、僕の答えは簡単だった。

必要ないからだ。

さらに、もう一言加えよう。ジョブズなんて強いリーダーは、別にいらない。

「ジョブズみたいな真のリーダーがいれば日本は再生するのだ」「混迷の時代だからこそ強いリーダーが必要なんだ」といったスタジオの討議を聞いていて、頭が痛くなってきた。みんな本当に、一人のリーダーが世の中すべてを変えてくれると思っているのだろうか？

ジョブズの本当にすごいところ

ジョブズの栄光は次のように語られることが多い。Ｍａｃ、ｉＰｈｏｎｅやｉＰａｄ

など僕たちのライフスタイルを一変させるような製品を次々に送り出した、今世紀最大のイノベーターである、と。

確かに彼の功績はすごい。今この新書を電車で読んでいるのなら、周囲を見渡してみて欲しい。多くの人が当たり前のようにｉＰｈｏｎｅを使っている。他メーカーのスマートフォンも、ｉＰｈｏｎｅがなくてはここまで一気に普及しなかっただろう。

ジョブズの影響力が及んだのは若者だけではない。直感的（動物的とも言う）な操作が可能なｉＰｈｏｎｅやｉＰａｄは幼児でも使えるし、逆に60歳を超えた上野千鶴子なんかも嬉しそうに使っている。

だけど、ちょっと冷静に考えてみて欲しい。ジョブズがいなかったら、僕たちの生活はどこまで変わっていたのだろうか。確かにｉＰｈｏｎｅはなかったかも知れない。しかし、ちょっと使い勝手の悪くて、ださいスマートフォンなら、普及はせずとも登場くらいはしていたのではないか。

アップルのｉＴｕｎｅｓがなければ、デジタル音楽配信も今ほど普及はしていなかったかも知れない。だけど逆に日本企業は今よりも「着うた」で利益を上げていた可能性もある。着うたが進化して、日本版ｉＴｕｎｅｓが出来ていたかも知れない。

むしろジョブズがいない世界には、今よりも素晴らしい技術が溢れていた可能性だってある。iＰｈｏｎｅの爆発的な普及のため、革新的で誰も想像しなかったような携帯電話の登場が阻まれてしまったのかも知れないのだ。

彼が本当にすごいのは、大したことのない技術を「革命」のように見せる手腕だ。大容量音楽プレーヤーも、タッチパネルの携帯電話も、オシャレで直感的なパソコンも、他のメーカーだって出していた。

それでも、何となくアップル製品のほうが優れて見えてしまう。

実際、「タッチパネルの操作性」とか「シンプルなデザイン」とかアップルが他メーカーと比べて優れている点は多いと思う。だけど、それが本当に僕たちの世界をまるで変える「革命」的な技術だったかと言えば、微妙だ。

その意味で、ジョブズは優れた宗教家ではあったと思う。彼の訃報が伝えられた日、まるで世界中が喪に服したかのようなムードに包まれた。アメリカのオバマ大統領までもが声明を発表、「私たちの暮らしを一変させ、業界の常識を何もかも塗り替え、人類の歴史に前代未聞の業績を残した」ジョブズの死を悼んだ。

さらに、世界中のアップルストアには無数の献花や追悼のリンゴが寄せられたという。

急遽発売が早まった自伝も、まるで聖書のように信者たちが買い求めていた（分厚くて誰も最後まで読み通せない感じも聖書っぽい）。

世界中をこれからも救ってくれるはずだった偉大な教祖の死を、アップルという巨大宗教に入信していた人々が追悼していたのだ。その光景を見て、僕は『20世紀少年』というマンガに登場した宗教家「ともだち」の死を思い出さずにはいられなかった。

「救世主」を求めてしまう人々

いくら僕がここでジョブズに対するネガティヴ・キャンペーンをしても仕方がない。アップル信者の方々に「お前は何もわかってない」と言われるのがオチだ。多くの宗教がそうであるように、信者に何を言っても無駄である。

別に僕はジョブズを批判しているわけではない。ジョブズみたいな「強いリーダー」を安易に理想化してしまうことに、気持ちの悪さを感じているのだ。

よく「リーダー主導のトップダウン」が企業の成功の理由として説明される。確かにアップルの快進撃には、ジョブズの無謀ともいえるトップダウンが関係しているのかも知れない。だけど、そこには「生存バイアス」の罠が潜んでいる。

失敗例を無視して、成功例ばかりが注目されてしまうことを「生存バイアス」という。トップダウンによって大失敗した企業もたくさんあるはずなのに、メディアが注目するのは成功した事例ばかり。実際はまぐれ当たりだったかも知れないのに、「トップダウンは良いものだ」と安易に思われてしまうのだ。本当にトップダウンが成功の秘訣ならば、ジョブズが何度も会社をつぶしかけている理由をどう説明したらいいのだろうか。

もっとも、企業のリーダーと、政治のリーダーに求められるものは、まるで違うだろう。企業ならばいくらトップが独裁者でもいい。トップダウンという独裁制に失敗した企業は、勝手に業績を悪化させ、市場から退出してもらえばいいからだ。企業がつぶれても、その影響は限定的である。

だけど、何度つぶれてもいい企業と違って、国家は何度もつぶすわけにはいかない。だから起業家として優秀な人物が、必ずしも政治家として優秀というわけではない。もしもジョブズが政治家だったら、国家が二回くらいつぶれているかも知れないのだ。一回でもつぶれたら大変なことになる国家を、ジョブズみたいな変人に任せるのは、あまりにもリスクが大きすぎる。

もっとも、何もかも変えてくれるような「強いリーダー」を求めてしまうのは珍しい現象ではない。不安な時代に、人は救世主を求める。そして救世主が、世界をまるで変えてくれるかのような期待を抱く。

しかし歴史を見ればわかるように、独裁制はメリットよりもデメリットのほうが大きい。本当に優秀な人物が独裁者になれば確かにその社会は劇的に変わったように見えるのかも知れない。だけど、トップが口先だけはうまくてまるで実務能力がない人物だったら？　ヒトラーやスターリンを始め、僕たちは独裁者たちによってもたらされた多くの悲劇を見てきた。

「強いリーダー」の不在を誇りに

日本には「強いリーダー」や「真のリーダー」がいないと言われる。それは別に嘆くことではなくて、むしろ喜ぶべきことだろう。強いリーダーがいなくても大丈夫なくらい、豊かで安定した社会を築き上げてきたことを誇ればいい。

首相が毎年のように替わってきたことを、もっと自慢してもいいくらいだ。「日本は一国のトップが誰であろうとも、政治も経済も問題なく回っていくほど成熟した国家なんだ」と。２０１３年末から２０１４年にかけても東京都知事の不在期間があったが、たいして誰も困っていなかった。

もっとも、そんな時代が終わろうとしているという認識は正しいかもしれない。2013年度末の普通国債残高は750兆円に上る見込みで、今後日本がギリシャやアルゼンチンみたいになることもあり得る。債務不履行が起こる可能性もゼロではない。しかも国内の金融機関が多くの国債を保有する日本の場合、一国内でのやり繰りが必要な分だけ、凄まじい金融危機が生じる可能性がある。

エネルギーに関しても問題が山積している。原子力発電への不信感が高まる一方で、原油価格は高騰している。イラン情勢次第では、現在1バレル100ドル前後で推移している原油価格が、200ドルを超すのではないかという試算もある。現在の日本にはここに円安という重荷が加わる。

そして高齢化により社会保障費は上がるのに、かねてからの少子化で現役世代による税収は減る一方だ。

しかも日本は人口減少を食い止める最後のチャンスを逃してしまった。

本当なら、今の日本は第3次ベビーブームに沸いているはずだった。団塊ジュニア世代が出産適齢期を迎えているからだ。しかし彼らに対して政府は有効な少子化対策を打つことはできなかった。今後は、出産年齢人口は減っていく一方だから、もはや劇的な人口増は期待できない。

お金もない、エネルギーもない、人もいない。確かにピンチだ。

こんな「危機の時代」に「強いリーダー」が必要だという認識はもっともに思えてくる。しかし残念ながら、もはやこの世界は「強いリーダー」で解決できるような、わかりやすい仕組みでは動いていない。

現代において国家という単一の組織のリーダーができることは限られているからだ。岡田斗司夫が『評価経済社会』（ダイヤモンド社）で指摘するように、従来型の「政治」にできることはどんどん少なくなっている。

たとえば軍事力が国家の命運を分けていた100年前や、冷戦が続く中、国家の外交力が国民生活に密接に関わっていた50年前ならば、政治参加によって世の中が変わるというリアリティも持ちやすかっただろう。

しかし、もはや社会を動かしているのは国家による「政治」だけではない。グーグルやマイクロソフトなどの巨大企業、国際NGO、テロリストなど様々な意思決定主体が登場する中で、国家はその中の一アクターに過ぎなくなっている。

英語版ウィキペディアがサービスを一時的に停止して、米国議会に圧力を掛けたこともある。また、ウィキリークスを創設したジュリアン・アサンジ、アメリカ国家安全保障局のスパイ活動をリークしたエドワード・スノーデンといった一民間人に世界中の巨大国家が右往左往している。一ウェブサイトや一個人が、国家の「政治」に圧力を掛けるような時代になったのだ。

日本でもヤフー・ジャパンがグーグルの検索エンジンを採用したことにより、検索エンジンは事実上一社独占となっている。これに対して公正取引委員会は「問題なし」と判断した。どうせ何か言ったところで、グーグルが日本撤退をちらつかせれば、社会は大混乱するだろう。僕たちは今、日本という「国家」とグーグルという「企業」の、どちらが強いかわからない時代を生きているのである。

現代社会は「ゲリラ戦」だから

つまり、昔とは別の意味で「強いリーダー」が存在しにくくなっているのだ。今までの日本のように社会の安定ゆえに「強いリーダー」が必要とされないのではなく、アクターが多様だからこそ一人の「強いリーダー」が存在しにくいというわけだ。

たとえば異常な熱狂と共に迎えられたオバマ大統領も、現在ではすっかりその生彩を欠いている。社会学者のジグムント・バウマンは、現代における人々のつながりは、一瞬の「お祭り」でしか担保されないようなものになっていると指摘する。

たしかにかつての社会は、目指すべき方向が比較的はっきりしていた。たとえば戦前であれば「富国強兵をして戦争に勝つ」、戦後であれば「経済成長によって物質的に豊かな国を目指す」という社会全体に共有された「大きな物語」があった。

その「大きな物語」を達成するには、一部の意思決定者と、リーダーの考えた命令を言われた通りに実行する兵士がいればよかった。いわゆる官僚制と呼ばれる組織だ。霞が関の省庁に加えて、日本の大企業の多くはこの官僚制を採用している。

だが、官僚制は不確実性に弱い。確かに官僚型の組織では、ルールで決まっていることに関しては粛々と仕事をしてくれるし、平時には大失敗も起こらない。だけど、突発的に起こった出来事、予想外のアクシデントには極端に弱いのだ。東日本大震災が起こった時の政府の対応が象徴的だろう。

比喩的に言えば、現代社会はゲリラ戦の連続である。トップには予想もできないような出来事が現場で次々と起こる。映画『踊る大捜査線』に「事件は会議室で起きてるんじゃない、現場で起きてるんだ」というあまりにも有名な台詞があるが、「会議室」での判断を待っていられないくらい、数々の「現場」では「事件」が進行してしまうのだ。

多くの人は、官僚制が機能不全を起こしていて、現代がゲリラ戦の時代だってことを肌では感じている。大企業に勤めている人ならば「なかなか現場の声を聞かない決断の遅い上司」にイライラしているだろうし、サービス業に従事している人ならば「マニュアルに載っていない小さな心遣い」にお客さんが喜んでくれた経験の一つや二つはあるだろう。

現代の組織に「強いリーダー」は必要ない。より正確に言えば、「強いリーダー」はいてもいいが、「強いリーダー」に任せっきりでは組織はうまく回らない。アップルの成功も、ジョブズをサポートする優秀な技術者や共同経営者はもちろん、アップルストアで働く優秀な店員の存在がなくては、あり得なかっただろう。

誰だってリーダーの時代

このように現代は、誰もがリーダーであることを求められる時代だ。たとえば、かつては一部の「起業家」にのみ備わっていればよかった能力が、新入社員にさえも求められている。

有名な起業家論をいくつか見てみよう。たとえばジャン＝バティスト・セイは、他者を結びつけてネットワーク形成ができる人物を起業家だと考えた。フランク・ナイトは無謀なリスクを引き受ける人物をマネージャーと区別して、起業家と呼んだ。

有名なヨーゼフ・シュンペーターは、「不断に古きものを破壊し新しきものを創造」する存在として起業家を捉えた。今でもビジネス書が好きな「創造的破壊」ってやつだ。シュンペーターに影響を受けたピーター・ドラッカーは、起業家を新しいことに価値を見つけ出し、秩序を破壊し解体する者であると考えた。

こういった起業家論が、人気企業の新卒採用ページの「求める人物像」と酷似していることに気付いたと思う。たとえばパナソニックなら「新たな価値を創造し、変革を起こせる人」が求められ、ミクシィなら「新しい価値を自分たちの手で創り出し、成長を果たしていく」ことが要求される。

教育学者の本田由紀は「ハイパー・メリトクラシー化する社会」という用語で、この社会の変化を説明する。ペーパーテストで測れるような知識量の多さや計算能力の高さが評価されていた時代に代わり、現代では「生きる力」や「人間力」「コミュニケーション能力」といった、定義が曖昧で個人の人格に関わるような能力が、社会のあらゆる場面で重視される。

しかし「若者」の立場から言わせてもらえば、新入社員に要求される「コミュニケーション能力」や「チャレンジ精神」は、若者に対する過剰な期待と、中年以上の社員の自信のなさの複合物だと思う。リーダー待望論の若者バージョンと言ってもいい。たとえば先輩社員が立派な「コミュニケーション能力」を持っているなら、新入社員の「コミュニケーション能力」が低くても対応できるはずだ。

企業の採用ページには、その組織が抱えている閉塞感を何とか新入社員に打ち破って欲しいという期待が見え隠れする。「生きる力」とか「人間力」とか定義不能な曖昧模糊としたものを採用条件に掲げてしまうくらい、その企業は困っているってことかも知れない。

そもそもリーダーって何？

ここまで散々「リーダー」の話をしてきた。だけど、そもそも「リーダー」とは何なのだろうか。

大学やビジネススクールでは様々な授業が開講され、書店に行けば立派なコーナーがあるくらい世の中に「リーダー論」は溢れている。松下幸之助や孫正義などの起業家、自称ビジネスコンサルタント、経営学者、様々な人が独自のリーダー論を展開している。

たとえばリーダーシップ論の古典、松下幸之助による『指導者の条件』（PHP研究所）では、実に102ものリーダーに必要な素質が並べられている。その中には「辛抱する」と「即決する」、「世間に従う」と「世論をこえる」など互いに矛盾したルールが多数含まれている。一体どっちを信じればいいんだって感じだ。

経営学者の金井壽宏は、普遍的なリーダーシップ理論なんてものは存在しないと言い切る。金井によれば、どんなに緻密な研究であっても、リーダーの行動の2、3割程度しか説明することが出来ないらしい。

確かにそうだ。もしも完全なリーダー論が発見されていたら、誰もが優秀なリーダーになっていたはずで、世界にこんなに問題が山積しているはずがない。

しかも、リーダーの行動を完全に把握し、万人に応用可能な理論は今後も発見される見通しはない。というか、絶対に不可能だ。リーダーに必要な条件は状況によって大きく変わってくるからだ。

たとえば同じ会社であっても、創業時と、創業20年後に求められるリーダーの姿はまるで違うだろう。さらに同じ創業期でも、上場を目指すようなガツガツした会社と、自営業の延長のような会社でも必要なリーダー像はまるで違ってくるはずだ。自分が置かれた状況によって必要なリーダーは違うのだ。

これが、世の中に無数のリーダー論が溢れている理由である。

たとえば中小企業の課長がジョブズ型のリーダー論を読んで実践したところで、部下からウザがられるのがオチだ。それで今度は松下幸之助を読むものの、抽象的すぎてなかなか実践できない。それで結果的に毒にも薬にもならない中谷彰宏あたりを読んで落ち着く、みたいな人のおかげでリーダー論の需要は絶えることがないのである。

むしろリーダーというのは、状況に応じてその都度自然に生まれてくるものなのだと思う。たとえば数人の会議であっても、自然と誰かがイニシアチブをとる。それはみんなに順番に意見を求める人かも知れないし、とにかく自分の意見を大声で唱える人かも知れない。そのグループの特性と、状況によって無数のリーダーが存在し得るのだ。

リーダーというと、ついつい「できる人」を想定してしまうが、そうである必要は全くない。徹底的にダメなリーダーがいてもいい。たとえば僕は自分が何かを仕切らなくてはいけなくなった時、まず「何もできません宣言」をする。その上で「これはあなたに任せます」と出来そうな人に仕事をどんどん振っていく。

高校の応援団を舞台にした久保ミツロウの『アゲイン!!』（講談社）というマンガがある。主人公は「がんばれ」と言われることが嫌いな「全力で後ろ向き」な今村金一郎。そんな彼が窮地に立たされた時に叫んだ「ある言葉」で、応援団はチームワークを取り戻す。

「俺が今困ってんだからお前ら助けろよ」

崇高な理念を掲げたわけでもなく、人を陶酔させるような名言を唱えたわけでもない。今村は自分の弱さを認めて、他人に助けを求めることで、チームを一つにまとめたのだ。これも立派なリーダーシップである。

リーダーには様々な形があり得る。それでもリーダーに最大公約数的に定義を与えることができるならば「ついてくる人がいる」ということだろう。つまりフォロワーの存在こそがリーダーの本質であって、そのフォロワーを作るためのやり方は無数にあるはずなのだ。

強いリーダーより小さな集団

リーダーの本質が「ついてくる人がいる」ことならば、リーダーはリーダーの個人的素質によってのみ生まれるわけではないことになる。つまり、リーダー本人のリーダーシップも重要だが、それと同じくらいフォロワーの態度も大切なのだ。

同様に、カリスマはカリスマを求める人によって生み出される。世の中にカリスマが誕生した時、よく知識人たちはそのカリスマの危険性を訴える。だけど、本当にカリスマを批判したいのであれば、カリスマ本人というよりも、そのカリスマを求める人々を批判しないとならない。

たとえば、最近も官僚批判が盛り上がっている。一向に実現しない公務員制度改革、原発事故でもクローズアップされた天下り問題、不可解な規制の数々。確かにそれらの批判はもっともだ。予測不可能なことが次々に起こる現代社会と、100年以上前にその原型が作られた官僚制の相性が良いわけがない。

しかし問題は、官僚を批判した後だ。なぜか既存のシステムの批判が「強いリーダー」の要請に直結してしまうのである。「そんな仕事まで行政がやる必要はない。俺たちに回せ」というのならわかる。それがどうしてか「官僚はダメだ、これからは政治の時代だ」と国政への期待や、国政がダメだとわかると「これからは地方自治の時代だ」と知事や市長への期待になってしまうのだ。

他人任せもいいところだ。しかも、そんな人ほど「強いリーダー」を欲したりするからたちが悪い。「強いリーダー」を求めずとも自分がリーダーになればいいのに。

というか、これからの社会はそんな風にしか動いていかない。少子高齢化とか、社会保障費の増大とか、エネルギー問題とか、あらゆることを「国」単位で考えて、一億数千万人を一気に救うような解決策を考えてしまうと、それが解決困難な難問に見えてしまう。確かに貧困や飢餓などの「昔ながらの社会問題」ならば、国や地方自治体などの「古くて大きな組織」単位で対応していけばいい。

だけど、行政の対応を待つのではなくて、「自分たち」で勝手に解決できる社会問題も多い。たとえば病児保育問題の解決にはNPOフローレンスの活躍が有名だし、食の安全を求める消費者のためには生協などのネットワークや、最近では都会のファーマーズマーケットも盛んだ。

これら小さな集団の活動は、国中の人々全てを救うものではない。だけど、確実に数百人、数千人の人は幸せになる。結果的にそれは雇用の創出にもつながる。

また小さな集団の活動だから、失敗したときも大した被害は生まれない。一国の大失敗は一億人以上に迷惑がかかるから本当にやめて欲しいが、もともと数百人、数千人のための集団だったら、失敗した時に被害を受けるのも同じくらいの規模の人ですむ。

こう考えてみると、リーダーに無謬性なんて求める必要はなくなる。

いくら小さな集団でもリーダーは優秀なほうがいいが、フォロワーが一緒になってリーダーを育てていけばいい。うまくいかなければリーダーを替えればいい。別にリーダだからって、24時間リーダーである必要はなくて、ある時はリーダーになり、ある時はフォロワーになればいい。それでも厳しいなら、その集団を解散して、また新しいことを始めればいい。

いつ現れるとも知れない偉大なリーダーを待っていても無駄だ。確かにカリスマは時々世界に現れる。でもその人が実際に何をしたかを冷静に検証してみると、意外と大したことのない場合も多い。

一人のリーダーが世界のあらゆる問題を解決してくれるなんて幻想以外の何物でもない。もしも今、何かどうしても解決したい問題があるなら、自分ができる範囲で動き出せばいい。「危機の時代」だからこそ、解決策はそれくらいしかない。

「クール・ジャパン」を誰も知らない

２０２０年東京オリンピックの開催が決まった。しかしそこに至るまでの招致活動には紆余曲折があった。この招致活動を読み解くことで、日本の「クール・ジャパン」が迷走してしまう理由が見えてきた。それはマーケティングと効果測定視点の欠如である。「リーダー」同様、オリンピックさえ開催されれば「日本は復活する」と信じる人は多い。そう信じるのは勝手だが、果たして日本は２０２０年までに、本当に「クール」な国になれるのだろうか。

「気持ち悪い」プレゼンと新しい一歩

２０１３年９月初旬、ブエノスアイレスで国際オリンピック委員会（ＩＯＣ）総会が開かれた。２０２０年のオリンピック開催都市を決める決選投票を行うためだ。日本からは安倍晋三首相、猪瀬直樹東京都知事（当時）、フェンシングの太田雄貴選手といった錚々たるメンバーが出席し、いかに東京がオリンピック開催に相応しい都市かというアピールをしていた。

何かに似ているなあと思いながらテレビ中継を見ていたら、それが旗揚げ間もない劇団の暑苦しい演技のようだと気付いた。その後すぐ駅前などで行われている募金の呼びかけを思い出したりもした。

とにかくどのプレゼンも、過剰に芝居がかっているのである。たとえば招致委員会の水野正人副理事長は最後まで能面のように笑顔を崩さない。普段から暑苦しそうなフェンシングの太田選手は、通常よりもさらに暑苦しさを増して東京の魅力を語る。さらには、いつもは不平そうな顔をしている都知事（当時）までもが、精一杯の微笑をして東京の「ダイナミック」っぷりを力説した。

プレゼンの場なのだから当たり前だが、そこでは現実よりはるかに素晴らしい日本や東京の姿が描かれていた。

もし委員会で語られたことがすべて真実なら、日本はアジアのすべての国と友好的な関係を保持しており、東京に住むすべての人はスポーツを愛していて、日本人はみな先祖代々受け継がれた見返りを求めない「おもてなし」の精神を持ち、福島第一原子力発電所は完全にコントロールされていることになる。

誰もが笑顔で、たぶん心からは信じていないことを、台本を読むかのようにプレゼンしている。若い劇団の芝居なら「やれやれ」とでも言っていればいいが、これは日本国による公式な意思表明の場なのだ。一瞬気持ち悪いなあと思ってしまったが、しかしすぐに考えをあらためる。

この「気持ち悪い」プレゼンは、今までのクール・ジャパンから、日本が一歩前へ踏み出した瞬間なのではないかと思ったからだ。

迷走したオリンピック招致活動

思えば東京オリンピックの招致活動は迷走の連続だった。

マドリード、イスタンブールと共に、2020年夏季オリンピックの最終候補地に選ばれた日本は、国内外に対して本格的な招致活動を開始した。その暑苦しさといったら、想像を絶するものだった。

まずスローガンが「今、ニッポンにはこの夢の力が必要だ」。招致委員会のウェブサイトにはスポーツ選手やタレントたちのオリンピック開催を目指す暑苦しいメッセージが、所狭しと並んでいた。

「日本に目標を！　目標をもって進むことがいかに大切か。」「日本中にひとつになる喜びを！　あの一体感こそ今の日本に必要です！」「日本をひとつのチームにしたい！」「子供たちに夢を！　自分がそうだったように。」「夢は実現しないと！」。この「！」の多さからも、ウェブサイトの暑苦しさがわかると思う。

どうやら、色んなメッセージを読む限り、招致委員会はオリンピックをきっかけに日本を一つにしたいらしい。それは、彼らがこの東京オリンピックを「復興のシンボル」として位置づけていたからだ。

コピーライターが調子に乗って書いたのだろう総合メッセージには、「ニッポン復活オリンピック」「東京のためだけではなく、私たちのニッポンのために。」という調子のいい言葉が並んでいた。

何でもこのままだと、「この国は世界から忘れられてしまう」らしい（そんなわけない）。だから「今何かをしなければ」「未来や子供たちの自信を奪うことになる」。そこで「夢をくれる」「力をくれる」「経済に力をくれる」オリンピックを「東京」ではなく「ニッポン」に呼ぶ必要があるのだと、でっかいフォントで書いてある。

中学2年生が真夜中に作詞したみたいなメッセージは、まだまだ続く。招致アクションを活性化させるためには「ひとりひとりの正しい気持ち」を「ニッポンの力」にする必要がある。そうすれば「私たちの心に火がともり」「日本を熱くひとつにする炎になる」。

この暑苦しさは誰のためか

招致委員会が暑苦しいメッセージを発すること自体は別に構わない。一部の人は、このようなメッセージに感銘を受けるだろうし、何でもいいから経済成長の起爆剤が欲しい人にはオリンピックのような巨大イベントは非常に魅力的に映るのだろう。何も「そこまで復興を掲げるなら、東京じゃなくて東北で開催すればいいだろ」と水を差す人ばかりではない。

ただし、当時、招致活動の最大の懸念は、東京オリンピックの国内支持率が低いことだった。IOCが公表していた評価報告書によると、その支持率は47%。ライバルのマドリードは78%、イスタンブールは73%と、大きく水をあけられる格好になった。

まあ、妥当な数字だろう。というか、僕の実感値よりもだいぶ高かった。多分、その

47％の人に招致委員会のウェブサイトを見せたら、支持率が更に4％くらい下がっていたような気がする。

東京都知事の石原慎太郎（当時）はこの結果を受けて「都民というのは贅沢なんだよ。自分のことしか考えなくなった」「いま日本人が何に胸がどきめくかと言えば、ちまちました我欲の充実。痩せた民族になってしまった」とぼやいたという。

確かにどうしても東京でオリンピックをやりたいというのは、途方もない我欲である。執念と言ってもいい。入念な準備をしたはずの2016年東京オリンピック構想に続き、2度目の挑戦である。

支持率の低さにぼやきたくなる気持ちもわかる。「オリンピックが実現しても都民は来なくていい」と拗ねてしまう気持ちもわかる。だけど本当に2020年の東京オリンピックを実現させたいのならば、東京都民の支持は必須だった。

というか、今回はライバル候補地が弱かった。マドリードは、欧州通貨危機のためスペインという国が2020年にどうなっているかわからない。イスタンブールもインフラ整備が発展途上でIOCの評価も低い。そんな中、東京は国内支持さえ取り付ければ、招致に成功する可能性は十分に高かった。

そんな「勝てる勝負」なのに、招致委員会のマーケティング戦略はとにかく不思議だった。やたら体育会系のヤンキーノリの招致活動が目立っていたのだ。一時期はＥＸＩＬＥが招致活動の応援キャラクターを務めていたことがそれを象徴している。

しかしこれは支持率50％を目指す戦いではなくて、限りなく１００％に近い都民の賛同を得るための作戦なのだ。そのためには、当然ながらスポーツが嫌いで、お祭りも興味のない、ニッポンを一つにしたいとも思っていない人までをも巻き込む必要があった。

確かに日本国内には、相当数のヤンキー（及びそのメンタリティを同じくする人）がいるだろう。漫画家の東村アキコが作中の人物に言わせているように、「ヤンキーが面白いと思うマンガは必ず大ヒットする」。

だけど、２０２０年夏のオリンピックは茨城ではなく、東京で開かれるのだ。

東京都民の支持を勝ち得ないといけないのに、ヤンキー票ばかりを集めても仕方がない。別にＥＸＩＬＥなんて起用しなくても「絆」とか言っていればヤンキー層は取り込めたはずだ。

もっともその後、２０１２年のロンドンオリンピックが開催されたタイミングで、招致ＰＲのテーマは、「この感動を、次はニッポンで！」というシンプルなものに切り替わった。ポスターも、ロンドンで活躍したメダリストたちをメインに据えたもので、過剰な暑苦しさはなくなった。

そして晴れて、2020年の東京オリンピックの開催が決まったわけだが、それが実際にどのようなオリンピックになるかは未知数の部分が多い。さらに、この数年で「日本」という国を対外的にPRする機会も増えるだろう。だが、それが暑苦しいオリンピック招致のノリと同じだったら困ってしまう。

「失くしもの探し」から「新しい希望」の物語へ

1964年の東京オリンピックに際して、当時の政府やメディアは「挙国一致の体制」作りを求めていた。あれから半世紀。現在の政府や日本オリンピック委員会は「挙国一致」モードのようだが、この国が置かれた状況は50年前と何もかもが違う。

もはや、日本はすっかり自信をなくした敗戦国ではない。教育水準も高く、犯罪率も低く、経済破綻を起こしているわけでもない。少なくとも現時点においては、世界で最も豊かな国の一つだ。

「日本に目標を！」「日本中にひとつになる喜びを！」とナショナリズムを煽るのは、

はっきり言って格好が悪い。だって、そんな安直なナショナリズムは、発展途上国を含めたどんな国でも掲げることができるからだ。

全く日本独自性がない。

しかもそんなメッセージに新しさはない。というか、それにうんざりしている人も少なくないだろう。東日本大震災以降、あまりにもみんなが「ニッポンが一つにまとまること」や「絆」の大切さを訴えすぎた。

本当に「ニッポン」のオリンピックをしたいのならば、「ニッポン」でしか出来ないオリンピックを開催するべきだろう。それは「復活」という失《な》くしもの探しの物語でなくて、3・11を経験した「ニッポン」だからこそ掲げることの出来る、新しい希望の物語であるべきだ。

「今、ニッポンにはこの夢の力が必要だ」なんて後ろ向きになるんじゃなくて、「世界にはニッポンの夢が必要だ」くらい開き直ってもいい。

3・11を経験した国として、新しい資本主義とエネルギー政策のあり方を示す。昭和の復活を目指すのではなく、他国と同じようなスタイルでナショナリズムを煽るのでもなく、商業主義を突き進むＩＯＣに相乗りするのでもない。オリンピックは、そんな新しい「ニッポン」の姿を世界にPRする絶好のチャンスのはずだ。

しかし日本は対外的に自分たちを発信するのが、決して上手な国ではない。それはかねてからの「クール・ジャパン戦略」の歴史をひもといてみればわかる。

「クール・ジャパン」の誕生

「クール・ジャパン」という言葉がここまで普及したのは、それほど昔のことではない。ネタ元は1990年代に登場したイギリスの「クール・ブリタニア」だ。イギリスの持つ古臭いイメージを打破することが目的で、イギリスのような大国までもが国家のブランド戦略に乗り出したことが当時話題になった（渡辺靖『文化と外交』中公新書）。

もっとも、イギリスでクール・ブリタニアはちっとも普及せずに、数年で死語になった。一方の日本では、2005年頃から、村上隆などの現代アートを海外で展開する際などに用いられるようになり、2006年には『クール・ジャパン―世界が買いたがる日本』（祥伝社）という本も発売された。そして次第に、アニメやマンガ、映画、ファッションを中心とした日本のポップカルチャーを総称する際に「クール・ジャパン」の文字が躍るようになっていった。

政府もこの動きを後追いした。民主党政権時代、経済産業省が2010年にクール・ジャパン室を開設、翌年には同省に生活文化創造産業課（通称クリエイティブ産業課）も設置された。

クール・ジャパン政策は自民党政権にも受け継がれた。初代クールジャパン戦略担当大臣に任命された稲田朋美が、フランスで開かれたイベントでゴスロリファッションを披露、世間の温かい視線を浴びたことは記憶に新しい。

当初はアニメやマンガといった「オタク」的な文化、渋谷の「かわいい」ファッションといったポップカルチャーを指して使われていたクール・ジャパンという用語だが、最近では日本食や伝統工芸までがその範疇に含まれるようになった。

クール・ジャパンという響きこそは新しいが、文化の力を使って国のプレゼンスを高めようという発想自体は、実は古典的な外交手段の一つである。古代ギリシャやローマでも統治において文化や宗教は重要な要素と見なされたし、近世ではフランスが文化立国として君臨していた。ルイ14世の時代には、フランスの書物や新聞を積極的に海外展開、王立絵画・彫刻アカデミーの分館をローマに設立したりしている。

日本でも、徳川時代末期からパリ万博に浮世絵や工芸品などを出展しているし、維新後に開かれたウィーン万博への対応は明治政府も熱心だった。大隈重信を準備事務局の総裁におき、国家予算の1％を費やし、まさにオールジャパンで日本文化を欧米に伝えようとしたのだ。

第一次世界大戦後には、列強の宣伝工作に触発されて、「文化政策」や「文化事業」の重要性が意識された。戦争では、敵国の戦意低下や、中立国に協力を取り付けるための「宣伝」という行為が必要になる。外務省は1921年には情報部を発足させ、対外通信社への支援も強化した。

しかし1933年に日本は国際連盟を脱退してしまう。教科書などでは「日本がどんどん国際的に孤立するようになった契機」として描かれる出来事だが、当時の政治家や官僚もそれほどバカではない。日本は国際的孤立を避けるために、本格的に文化政策に乗り出そうとした。

たとえば、日本の脱退まで国連事務局次長だった杉村陽太郎は、「我が優秀なる文明」を世界に広めて、「国際上に於る我が品位を高め」、「各国民による尊敬を確保」する必要があると主張、そのためには、世界各国との科学や芸術、宗教などを通じた交流を積極的に推進していくべきだとした。

ほどなくして国際交流基金の前身となる国際文化振興会が設立されたり、日本放送協会が満州や台湾に向けてのラジオ放送を開始したりした。

戦前日本のクール・ジャパン

しかしながら、この戦前のクール・ジャパンは、そこまで成功したとは言い難い。せっかく発足させた国際文化振興会だが、年間予算は最大100万円程度の小規模なものだった。フランスやイタリアでは、日本の10倍にあたる約1000万円の国際文化事業費を政府が支出していたし、アメリカのロックフェラー財団は約6000万円もの文化事業経費を計上していたことを考えると、本当にわずかな金額だ（芝崎厚士『近代日本と国際文化交流』有信堂高文社）。

国際文化振興会は、日本文化を「正しく」相手に理解させることを目的としていたが、その割には予算額が少なすぎた。また日中戦争が始まって以降は、日本が中国に「進出」したことがいかに正しかったかを国際社会に喧伝する機関になっていった。もちろん国際文化振興会だけのせいではないが、彼らの活動は結局は実を結ばずに、日本は国際社会からどんどん孤立していった。

コンセプトだけは勇ましいが、内実が伴わない。国際文化振興会に限らず、戦前の文化政策には、マーケティング視点と、効果測定をしようとする意志が欠如していたのだ。

要するに、日本側が「良い」と一方的に考える日本文化を伝えようとするばかりの、上から目線での押し付け。相手がそれをどう受容するかという想像力に欠けていたのである。

形式だけ整えて満足してしまうあたりが、戦争に負けた国の文化政策だけあってお粗末だ。しかし、悲しいことに僕たちは戦前のクール・ジャパンを笑うことができない。

会議は踊るが意味不明

2013年、政府は秋元康や角川歴彦、依田巽などを集めて「クールジャパン推進会議」を開催した(今まで「クール・ジャパン」と「・」をいれていたのに、なぜかいきなり「クールジャパン」と表記されている。政府も新潮社や講談社のようにきちんとした校閲をいれればいいと思う)。

この議事録が面白い。たとえば、いきなり「日本のパンとスイーツというのは世界一なのです」と宣言する金美齢。なんでも「日本人のメンタリティー」が「非常に緻密」

で「レシピに大変忠実」だから、「洋菓子屋」のレベルが高いのだという。彼女が「日本のパンとスイーツというのは世界一」と思い込むのは勝手だが、世界ではそう評価されていない以上、とても内向きな議論だ。海外で実際に「ジャパン」がどう受容されているかという視点が完全に欠如している。

ちなみに金は会議のたびにスイーツの話を持ち出し、中村伊知哉がせっかくポップカルチャーの話をした時も、「私はポップカルチャーなるものは全然興味がない」と宣言し、性懲りもなくスイーツの話を始めてしまう。彼女がここまでスイーツ好きだとは知らなかった。

また茶道裏千家家元の千宗室は、最近の若い男性が着るスーツは細身だから、彼らは正座ができないと主張する。さらに「あぐらをかいていいよと言うと、あぐらをかくとお尻が破れると言うのです」と続ける。彼のまわりにどんなスーツを着た若者がいるか知らないが、千にとってこれが「日本の伝統的な生活スタイルとの乖離」に見えるらしい。もし右の話が本当なら、政府の会議で愚痴らずに本人にサイズの合ったスーツを着るようにと指摘してあげて欲しい。

内閣官房のウェブサイトには各委員からの提言も掲載されているのだが、「日本の愛し方／日本の愛され方」「サブカルチャー大国日本／若者が創り出す文化をアジアへ世界へ強力に推進しよう」「スケール・メリットを重点に／スピーディに／スイートな／ストーリーを」など、そのほとんどが抽象的すぎて、何度読んでもよくわからない。

数回の会議を経てようやく出されたアクションプラン（行動計画）もすごい。なんと「トータルコーディネート」「一緒に」「きっかけ」「みんなで」「愛され方」「ストーリー」「育てる」という7つのキーワードがアクションプランらしいのだ。一応「我が国のポップカルチャーを代表するキャラクターについて国際的なインターネット投票を実施」「漫画、アニメ、ゲームなどのポップカルチャーのクリエーターが励みとなるよう顕彰事業を充実」など若干の具体案も添えられているが、どれも少しもクールではない。

出雲大社はクールじゃない？

クール・ジャパンに関しては2011年に「クール・ジャパン官民有識者会議」による提言も出されている。提言によれば、「世界は『つながりあった共同体』であるという気運も興って」おり、「日本人が本来持っていた精神性への原点回帰と新たな『進化』を遂げ」て、「日本ブランドの輝き」を取り戻すべきだという。

そのためには和魂漢才や神仏習合など「二分法をこえる日本的創造性」といった「日本流の自覚」などが必要らしい。

また、日本は「枕草子」などで「小さきもの」を尊ぶ文化があったから、「小ささと引き算の活用」で日本を伝えたいとか勝手な日本文化論がとうとうと語られる。本殿の高さが48メートルあったとされる出雲大社や、世界最大の陵墓である仁徳天皇陵を完全に無視した日本文化論で、関係各所からクレームが入らないか心配だ。

それで肝心な結論はというと、地域を活性化する「クリエイティブ・タレント」を養成したり、世界中からクリエイティブな人を呼び込む「クリエイティブ・フォーラム」を開催したり、「新たなライフスタイルや産業の創造」が必要とのこと。

立場の異なる複数の有識者が参加する会議の報告書が、抽象的になってしまうことは仕方ないとしても、あまりにも具体性にとぼしい。

というか、何度読んでも一体「クール・ジャパン」が何なのかということさえもわからない。おそらく、会議の参加者、官僚、政治家の一人一人がイメージしている「クール・ジャパン」が違うのだ。

日本のコンテンツを海外に輸出する話なのか、逆に観光客を日本に呼び込む話なのか、ただ「日本ってやっぱりすごいよね」って言い合いたいだけなのか、それによって結論はまるで変わってくるはずだ。なのにその前提が共有されていない。そりゃ、議論もまとまるわけがない。

「クリエイティブ」とどうしても言いたい

僕がわかったことは、要するに国もクール・ジャパンが何かをわかっていないのだということだ。彼ら自身がわかっていないのだから、政策に一貫性がないのも当然だ。

政府はクール・ジャパン戦略推進事業（海外展開支援プロジェクト）として採択した事業に補助金を支給しているが、本当に国として支援すべき事業か怪しい案件も多い。本来はビジネスになると踏むから企業は海外に進出しようとするはずなのだ。補助金なしで成り立たないビジネスなんて先行きが不安すぎる。

2012年度の補正予算では843億円がクール・ジャパン関連予算として計上されている。内訳をみると、外務省が「21世紀東アジア青少年大交流計画」の拡充のために150億円を要求している。3万5000人の若者たちに日本を訪問させることによって、「日本ブランド」「日本的な『価値』への国際理解を増進」させたいらしいが、こんな事業までを本当に「クール・ジャパン」に含めてしまっていいのだろうか。

さらに2013年には500億円の税金を投入した官民ファンドまで設立された。官民ファンドは政府や独立行政機関と違って、国民に対しての説明責任を全面的に負う必要がない。そのために税金の無駄遣いの温床になりやすい。

確かに文化を育てるのにお金は必要だ。法律の整備など政治にできることも多い。しかし政府がやろうとしていることは、どこかズレている気がするのだ。

たとえばアニメやマンガなど文化を支える人が一番懸念している、児童ポルノ禁止法改正案によるアニメや漫画の表現の自由規制問題に「クール・ジャパン」の人々は興味がなさそうだ。劣悪な労働環境で働くクリエイターの問題も改善される様子がない。時代にそぐわない風営法によって、クラブの深夜営業が規制されていたり、肝心の文化の芽はいま削がれつつある。

クール・ジャパンを主に担当するのは経産省の生活文化創造産業課だが、わざわざ「通称クリエイティブ産業課」といったような注意書きがついていることが多い。実はこの命名にも一悶着あったらしい。

省庁は日本語で課の名前を命名することが通例となっている。しかし立ち上げメンバーはどうしても「クリエイティブ」という言葉を使いたかった。「クリエイティブ」がいかに「日本語」として定着している言葉かを示すために、国会図書館に通ったり多大な苦労があったという。頑張るのはそこじゃないだろって話だ。

ジャパンブランドで外貨獲得を目指せ

ライターの島田健弘がクール・ジャパンを適切に定義していた（「Business Journal」2013年9月5日）。彼によれば、要するにクール・ジャパンとは「ジャパンブランドによる外貨獲得戦略」である。そうなのだ。別に日本文化論を語らずとも、いかに「日本」というブランドを使って外貨を獲得できるかということを考えれば、議論はもっとシンプルになる。

その意味では、多額のお金をかけずともできる「クール・ジャパン」は大量にある。たとえばクール・ジャパンの議論では決まって訪日外国人の増加が目論まれるが、行政がそのために適切な支援をしているかどうかは怪しい。

まず外国人向けの適切なポータルサイトがない。一応「Visit Japan」などもあるが「個室露天風呂のある日本旅館に泊まりたい」といった細かなニーズには全く対応できていない。

たとえば韓国には「コネスト」という非常に充実した日本人・中国人観光客向けサイトがある。食、美容から歴史まで様々な情報が網羅され、ホテルの予約からミュージカルのチケット購入までできる。

通常のガイドブックではとても太刀打ちできないくらい観光施設の案内も細かく丁寧だ。さらにアクセスページには住所と共に「여기로《ヨギロ》 가주세요《カジュセヨ》（ここに行ってください）」と書いてあり、これをタクシーの運転手にそのまま見せれば、韓国語が全く話せなくても目的地へたどり着くことができる。

このように観光客を呼び込むためには、何百億をかけずとも実現できる施策がたくさんある。ちょっとした工夫で外国人向けの情報をきちんと提示するだけで、結果的に国への好感度は上がるだろうし、ひいては外貨獲得にもつながる。

マーケティング視点の欠落

大手旅行口コミサイト「トリップアドバイザー」の調べ（2013年）によれば、外国人に人気の日本の観光スポットは上位から広島平和記念資料館、伏見稲荷大社、東大寺、厳島神社、金閣寺だという。原爆関連施設は意外な気がするが、他は京都や奈良といった「定番」。結局、今でも外国から見た日本のイメージはその程度のものなのだ。

だったら、そのイメージに乗っかればいいものを、なぜか政府は不思議な施策を打とうとする。その象徴が、東京オリンピック招致の特別大使にドラえもんを選んだり、観光立国ナビゲーターに嵐を起用したりするセンスだ。

ドラえもん好きの僕からしても、全く意味がわからない。オリンピック開催を決定する国際オリンピック委員会のおじさん、おばさんがドラえもんに興味があるとは思えないからだ。そもそも、日本といえばアニメという発想が安直すぎる。なによりも、ドラえもんも嵐も、日本国内では絶大な知名度を誇るが、東アジアの一部を除いて、国際的に人気があるわけではない。

要するに、それが「誰に向けた、何のための発信なのか」というマーケティングと効果測定の視点が皆無なのである。「クールジャパン立国宣言」も同様だ。何がクールかはその受容者が決めるのであって、日本が押し付けることではない。

思えば、戦前の日本の植民地政策もそうであった。相手が望んでもいない「日本文化」を押し付け、それは戦後にも深い禍根を残すことになった。「正しいと自分が考えるものは、喜んで受け入れてもらえるはず」という発想は、戦前からの美しい日本の伝統らしい。

その点、K－POPに代表される韓国の文化政策はマーケティングのうまさにある。BoAや東方神起などK－POPブームの牽引役となったアーティストたちには、徹底的な「日本人化」が施された。日本では日本語の曲以外は受け入れられないというガラパゴスさを分析、BoAにいたっては「韓国出身」ということさえも前面に打ち出さずに、ごく普通に日本語の曲を歌わせた。

こういった韓国の文化戦略を見る限り、彼らは「反日」どころか、全力で日本人相手に「おもてなし」をしている。

その意味で、先ほど取り上げたオリンピック招致のプレゼンテーションは、今までのクール・ジャパンとはひと味違う。海外から求められている「ニッポン」を、日本人自身がうまく演じきったのだ。

滝川クリステルが発した「お・も・て・な・し」という呪文、異国情緒溢れる奇妙なお辞儀。自分たちが発信したい「ニッポン」ではなくて、海外映画に出てくるような「ニッポン」に相乗りしたのだ。日本人が「日本人」を演じているのだから、演技に見えるのも当然だ。

これを漫画家のとり・みきはオリンピック招致に「勝ったのは我々ではない。ハリウッド映画の中の日本人だ」（「日経ビジネスオンライン」2013年9月12日）と落胆してみせた。だけど僕は、これがクール・ジャパンが世界へ向けて歩み出した一歩だったのだと評価したい。

戦前からずっと手段と目的を混同しながら、自分たちがいいと信じる「ニッポン」を上から目線で押し付けてきた日本の文化政策。それがついに相手が求める「ニッポン」を差し出せるまでになったわけだ。

しかしホテルやレストランでもそうであるように、最上の「おもてなし」とは、相手の欲求を完全に満たしたうえで、さらにその上を行くサプライズを提供することだ。2020年までにこの国がオリンピック委員会で語られた以上の「ニッポン」になっていることを願いたい。

「ポエム」じゃ国は変えられない

オリンピック招致に限らず、最近この国では暑苦しい言葉が流行している。そういった言葉の多くは、論理性がなく、ただ感情に訴えかけようとしてくる。それが本当に感動的であればいいのだが、大抵は独りよがりの「ポエム」であることが多い。路上の若者やミュージシャンたちがいくら「ポエム」を叫ぼうと全くかまわないのだが、その「ポエム」化の波は自民党肝いりの「心のノート」、さらには改正憲法草案にまで及んでいた。

蘇った「心のノート」

道徳副教材「心のノート」が復活することになったという。

民主党政権時代の事業仕分けで、教材として配布することが停止されていた「心のノート」だが、「教育再生」を掲げる安倍政権の方針により、再び全国の小中学生に配られることになったのだ。

「心のノート」。名前からして中学生同士の恥ずかしい交換日記みたいだが、その成立は20世紀に遡る。1990年代後半、日本では少年犯罪の凶悪化、学級崩壊、いじめ、不登校などが大きな社会問題になっていた。そんな中「心の教育」に対する関心が高まった。スクールカウンセラーを置くなど、学校内で起こる問題に子どもたちの「心」を変えることで対処しようとしたのだ。

それを象徴するのが当時の森喜朗首相の私的諮問機関「教育改革国民会議」が2000年12月に首相へ提出した答申「教育を変える17の提案」だ。

「人間性豊かな日本人を育成する」ために「教育の原点は家庭であることを自覚する」「学校は道徳を教えることをためらわない」「奉仕活動を全員が行うようにする」といった、そのへんにいるおじいさんが一人でテレビに向かって言っているような内容を報告書の形にしたものである。

この答申を受ける形で文部科学省は7億3000万円の予算を割き「心のノート」を作成、2002年から全国の小中学校に配布することになった。著作権所有者は文部科学省。通常の教科書と違い、執筆者名は入っていないし、教科書検定も経ていない。

「心のノート」はあくまでも副読本であり、通常の検定は必要がないというロジックだ。

この「心のノート」配布をめぐっては、当時大論争が起こった。国家に忠実な日本人を作ろうとするものだ、戦前の修身の復活である、事実上の国定教科書だ……。そういった心ある批判が、相次いで現場の教員たちやリベラル派の評論家たちから発せられた。

哲学者の高橋哲哉は『「心」と戦争』(晶文社)の中で、「心のノート」は「グローバル化時代の修身」だと批判する。たとえば「心のノート」の中にはやたら富士山の写真が出てくる。本来は住む地域によって岩手山や桜島というように「心の中にある山」は違うはずなのに、まるで誰もが「日本人」として「富士山」を愛することを強制されているようだ、というのだ。

まだママデビューする前の教育評論家・尾木直樹も朝日新聞のインタビューに「心に関するものを権力の中枢が出すのはいかがなものか」と答えている。

確かに当時は日本の「右傾化」が問題になっている時期であった。1999年、小渕内閣は周辺事態法、国旗国歌法、通信傍受法などを相次いで成立させ、良識派知識人たちは、これではまるで戦前に逆戻りではないかと騒いでいた(ちなみに2014年現在、良識派知識人たちはそれらに対してもうあまり騒いでいない)。

そんな中、道徳教育強化の一環として配布された「心のノート」。リベラルな人たちが心配する気持ちもわかる。だけど僕は当時もう高校生だった。だから、「心のノート」が配布されることもなく、大人たちの騒ぎを遠くから眺めているだけだった。

J-POP歌詞の劣化コピー

さて、そんな日本中に物議を醸した「心のノート」の配布が2013年度、久しぶりに復活するという。7億円の予算もついた。

実は事業仕分けで配布が停止された後も、ノートの全文がPDFで文部科学省のウェブサイトに公開されていた（http://www.mext.go.jp/a_menu/shotou/doutoku/index.htm）。教材として使いたい人はご自由に、ということだ。

掲載ページには、子どもたちが「生命を大切にする心や他人を思いやる心、善悪の判断などの規範意識等の道徳性を身に付けることは、とても重要です」と書かれている。確かに僕も他人を思いやる心が最近足りないなあと思いながら、どれだけ保守色の強い道徳教材なのだろうとひやひやしながら「心のノート」をダウンロードしてみた。

驚いた。それが想像とはまるで違うものだったからだ。よくいえば、J-POPの歌詞風メッセージ集。悪くいえば、多感だが感性や人生経験の足りない中学生が寝る前に書いたポエムノート。

　中学生向け「心のノート」は次のようなポエムから始まる。

自分さがしの旅に出よう
カバンに希望をつめ込んで　風のうたに身をまかせ
（中略）
輝く何かがたまってきたら　心のページをめくってみよう
そこに何かが　待っている
きっとだれかが　待っている

　完全にＪ－ＰＯＰ歌詞の劣化コピーである。世界観や言葉遣いが完全にＪ－ＰＯＰと一緒なのだ。

　ミスチルや浜崎あゆみから長渕剛まで、Ｊ－ＰＯＰの歌詞では主人公たちは往々にして自分を探している。飽きもせずに本当の自分を探している。さらに鞄に詰め込むものは、なぜか希望や夢や愛といった抽象的なものだと相場が決まっている。

このポエムは、J-POP歌詞最頻出ワード「何か」「誰か」もきっちり押さえている。90年代に小室哲哉たちが中心になって開発した手法だが、固有名詞を避けながら、共感を呼びそうな心理描写をできるだけ抽象的に行う。そのために「何か」や「誰か」は必須の言葉だ。

僕も良識派知識人のように「心のノート」を手厳しく批判してみようと思ったら、いきなり出鼻をくじかれた形だ。文部科学省が国民の税金を使って何をしているのかと思ったら、こんなに夢見がちな国定ポエムを作っていたのだ。

一応、作詞が文部科学省の国定ポエムだけあって、ただの妄想で構想されたものではない。おそらく1997年6月に発表された中央教育審議会第二次答申「21世紀を展望した我が国の教育の在り方について」あたりがポエムの思想的背景になっている。答申では、子どもたち一人一人の能力や適性に応じた教育の必要性が提言されている。その上で「教育は、『自分さがしの旅』を扶ける営み」と定義している。

きちんと答申を参照するあたりがJ-POPの歌詞とは違うところだが、結果的にJ-POP以下のポエムになっているあたりが複雑である。

「この学級に正義はあるか！」

「心のノート」読者は巻頭ポエムにびっくりしていてはいけない。まだまだこんなの序の口だ。引き続き「心のノート」中学生版を読み込んでいく。

それにしても突っ込みどころは、本当にいくらでもある。たとえば、たかだか百数十ページの冊子にもかかわらず、デザインやイラストのテイストがバラバラという点。イラストのレベルは総じて低いが（ポエムの比ではない）、10人以上のイラストレーターを起用しているため、ページをめくるたびにまるで違う本かとさえ錯覚してしまう。ウェブサイトもない「株式会社アド・キャリヴァ」という会社がデザインを担当しているらしいのだが、どうせなら「権力の中枢」が出版するのにふさわしい体面にして欲しかった。

肝心のコンテンツは、良識派知識人が心配するほどのものではない。というか、中もそれっぽい標語とポエム、そして時代遅れのイラストの連続なのだ。

「この地球《ほし》に生まれて」というページでは（ちなみにこのフレーズは浜崎あゆみがよく歌詞に使う）、「この瞬間を精一杯生き抜こう」「人間としての誇りをもって」というポエム。

次のページにも懲りずに「果てしない宇宙」や「悠久の時の流れ」の中で「唯一無二の存在」である「私」を見つめ直そうというポエム（p70～73）。

どうやら、これらポエムは文部科学省の自信作らしく、教員向け冊子「心のノート活用のために」では、ポエムの中から「気に入った言葉をカードに書き掲示できるようにするのもよい」と書いてある。

ポエムのそばには「生命について感じたり、考えたりしたことを書いてみましょう」というコーナーがある。指示が雑すぎる。さらに記入欄は小さく、「ペットの死から命の大切さを学んだ」といったような心ない一言でも書けばスペースは尽きる。感動エピソードを長々と書いて欲しいような感じではない。

果てしない宇宙に想いを馳せさせたかと思ったら、違うページではいきなり「この学級に正義はあるか！」と詰問される（p100～101）。そして唐突な世界人権宣言の引用。どうやら学級という身近な単位で「人権」や「正義」が実現できているかを考えろ、ということらしい。

文部科学省は「この学級に正義はあるか！」をキャッチーな言葉だと考えているらしく、教員向け冊子には、「生徒たちの痛いところを突くような一言を、あえて目立つ形で掲載した」とドヤ顔で記されている。西洋発の概念である「正義」なんて言葉を使った標語に対して、果たして子どもたちは痛いところを突かれたと思うのか。

このページで面白いのは「いじめ」って言葉がほとんど登場しないことだ。明らかに生徒が同級生からいじめられているイラストはあるものの、その箇所の大見出しは「公正、公平な態度で差別や偏見のない社会を」。「人権」や「正義」といった普遍的な価値を、学校教室という空間での事例に無理やり落とし込もうとしたがために、内容がちぐはぐになってしまったのだろう。

あとは全体的に文章が美しくない（自分のことは棚に上げておく）。「コミュニケーションは心のキャッチボール」というページでは、次のような文章が掲載されている。「通信技術が発達しフェイス・トゥー・フェイスのやり取りだけではなくなってしまったけれど実はずっとずっとむかしから、人はそうしたコミュニケーションに心をくだいてきたのです。手紙や電報、そして電話……」。

文意を取るのが難しいが、「通信技術」の発達によって、対面コミュニケーションが減ったといわれるが、「実はずっとずっとむかしから」、人間社会には非対面コミュニケーションがあった、という意味だろうか。一文が長い上に、文頭で主題が示されないから何について論じているのかが把握しにくい。

と、まあこのように脈絡もなくポエムや標語、社会批評が、下手なイラストと共に最後まで続くのが「心のノート」なのだ。

「心」への過剰な期待と警戒

いずれは「心のノート」の全面改訂が行われるかも知れないが、少なくとも当面は現行の「心のノート」が全国で配布されるのだろう。しかし果たして、道徳復権を掲げる自民党や、保守を自任する人々は、この「心のノート」に満足するのだろうか。こんなポエムが並んでいて、本当に道徳教育になるのか。

「心のノート」の小学生バージョンは更にスピリチュアル臭が強く、「思えば叶う」的な表現が頻出する。その名も「心は世界を結ぶ」（小学校5・6年向けp108〜111）では、「世界の人々と心で結びつくこと」の大切さが謳われている。「宇宙船地球号」の一員である一人一人が、これからの世界を作っていくというのだ。

心で世界が結ばれるのならば軍隊は必要ないはずで、「心のノート」の理念を体現したいならば、国防軍の創設なんていうものは以ての外という話になる。

要するに「心のノート」は総じて「心」に期待しすぎなのである。「心」さえ変えれば、少年犯罪はなくなるし、学級も崩壊しないし、いじめや不登校もなくなる。もしもそれが本当ならば、そんなに経済的なことはない。軍隊はもちろん、警察さえも必要ないということになる。まさにユートピアだ。

「心のノート」作成協力者会議のメンバーでもあった尾田幸雄は、戦前の教育勅語や修身にこそ、戦後日本の繁栄の秘密があったと考える。確かに1945年の敗戦を機に修身科は廃止されてしまった。しかし、戦前に心の教育を受けた日本人の懸命な努力のおかげで、焼け野原からの復興は成し遂げられたというのだ。

もちろん尾田の認識は正しくない。日本の戦後復興は、敗戦で経済後進国になったため追いつき型近代化が可能になったこと、冷戦が続く中で東アジア諸国が世界の工場たり得なかったことなど、いくつもの偶然の上に可能になったことだ。また、修身があったはずの戦前のほうが少年犯罪率は高く、日本は今とは比較にならないくらい治安の悪い国だった。

確かに尾田たちのように、道徳に期待してしまう人の気持ちはわかる。だって、それは非常に効率的だからだ。福祉や教育システム、さらには地政学的要因などを無視して、ただ「心」を変えるだけで、もしもこの社会がうまく回るのならば、それほど安上がりなことはない。「心のノート」に計上された数億の費用なんて安いものだ。

しかし実際は、いくら「心」に訴えかけたところで、人は人を憎み、争い、いがみ合い、それが戦争にさえなることもある。不特定多数に対して配られる「心のノート」の影響力なんて本当に微々たるものだろう。

「心のノート」や道徳教育に肯定的な人は「心」に期待しすぎだし、良識派知識人は「心」に警戒しすぎである。道徳教育が恐れるに足らないことは、戦前の修身が示しているとおりだ。本当に誰かの「心」を変えようと思ったら、それは「心のノート」を通じた全国一斉教育などではなく、人と人との対話に期待するしかない。抽象的なポエムではなく、具体的な体験によって、「心」はきっと成長する。

残された疑問は、毒にも薬にもならない国定ポエム集「心のノート」をこれからも配り続ける意味があるのか、ということである。愛や希望や自分探しの言葉はＪ－ＰＯＰや少女漫画に溢れているし、勧善懲悪で、正義や友情の大切さを訴える物語は『週刊少年ジャンプ』にいくらでも掲載されている。校内放送にＪ－ＰＯＰでも流していれば、それでいいんじゃないかと、心から思う。

憲法改正草案はＪ－ＰＯＰである

「心のノート」の復活に熱心な自民党だが、驚くべきことに彼らが２０１２年に作った「憲法改正草案」もまたポエムのようなのだ。ポエムというか、やはり90年代Ｊ－ＰＯＰにそっくりなのである。

自民党はホームページ上で、民主党を含めたあらゆる政党に本格的な憲法議論をする能力はなく、自分たちこそが「この国のあり方を提示するフロントランナー」であると息巻いている。そして、自民党の「憲法改正草案」こそが「時代の要請、新たな課題に対応した」ものだと自信満々だ。

しかし肝心の中身を見ると拍子抜けしてしまった。まず、一つの文章が長く、意味をとるのがとても難しい。たとえば前文の「我々は、自由と規律を重んじ、美しい国土と自然環境を守りつつ、教育や科学技術を振興し、活力ある経済活動を通じて国を成長させる」。

自由と規律を重んじたいのか、美しい国土を守りたいのか、国を成長させたいのか、はっきりさせて欲しい。その全部を達成したいということなのかも知れないが、だとしたらそれらを一文にまとめてしまう理由がわからない。ちなみに現日本国憲法も全体的に一文が長いが、主語と述語、目的語の対応関係が明確で、意味が取れないということはない。

様々なフレーズを混ぜてしまい、途中で言いたいことがわからなくなる憲法草案は、安室奈美恵の名曲「SWEET 19 BLUES」（１９９６年）を彷彿とさせる。当時、４００万枚近く売り上げた伝説的なアルバムの表題曲だ。

同曲には「Change my life 前世があったら 絶対に maybe STRAY CATS 路地裏の」という画期的なフレーズが登場する。「絶対に」と歌った後、間髪入れずに「maybe」を挿入するセンス。「前世」と「Change my life」との関連性の不明瞭さ。文脈よりもノリを重視し、様々なフックとなりそうな用語を詰め込むＪ－ＰＯＰ的文法が、ついに政権与党の憲法案をも浸食したのかと思うと感慨深い。

90年代Ｊ－ＰＯＰとの類似点は日本語だけではない。当時のＪ－ＰＯＰの基本的なモチーフの一つに、「退屈な日常から抜け出すこと」があった。

音楽シーンを席巻した小室哲哉や伊秩弘将たちが描いた歌詞世界には、繰り返し退屈な若者たちが登場する。

仲間と過ごす変わらない日常。確かに「街にとびこめばいつもの仲間と騒げる」(SPEED「STEADY」1996年)。そんな生活がどうしても嫌なわけではない。不満はない。だけど、「平凡でとがったところもない　こんな毎日じゃはじけようもない」(globe「FACE」1997年)――。

1995年に連載が開始され、1998年に単行本化された小林よしのりの『新・ゴーマニズム宣言SPECIAL 戦争論』の冒頭も、「ただれてくるよな平和」の描写から始まっていた。労働市場ではリストラ、街では援助交際が流行し、教育現場ではキレる中学生が問題になるが、それでも圧倒的な平和を享受している日本という国。そのように、「平和」をただのサービスとして享受していいのか。それが小林の問題提起だった。

経済的なバブルは終わったが、個人消費は旺盛で、文化的なバブルが持続していた90年代後半。その時代精神を嗅ぎ取り、小室哲哉や小林よしのりは「退屈」や「平和」というモチーフを作品に取り入れたのだろう。

それから15年以上の歳月が経ったはずの自民党の憲法草案にも、同じ雰囲気を感じることができる。

たとえば「国防軍」の創設。「表現の自由」に設けられた制約。「全て国民は、この憲法を尊重しなければならない」という憲法尊重擁護義務。

これら改正草案を戦争への布石であり、近代立憲主義の否定だと批判する人たちがいる。しかし、僕にはどうしてもこの憲法草案が、自民党の高い理想のもとに起案されたものだとはとても思えない。そこにあるのは、90年代J－POPのような「このままではダメだ」「退屈と平和に甘んじていてはいけない」「何かをしなければならない」という何となくの危機意識ではないのか。

「あなた」不在の日本国

憲法改正草案を厳密に読めば、確かに識者が指摘するように基本的人権が侵されたり、為政者の意のままに国民が管理されてしまう可能性もあるのだろう。しかし、同様のことは現憲法が維持されても起こるだろうし、事実起こってきた。

日本は国連人権理事会やアムネスティから何度も警告を受けるような「人権後進国」である。死刑制度、代用監獄制度、自白を偏重するくせに一向に全面可視化されない取り調べ制度など、近年のヨーロッパでは許されないような人権弾圧がこの国では普通に起こっている。

憲法9条も同様だ。日本は長らく解釈改憲によって、自衛隊は憲法が禁止する武力の保持ではないと言い張ってきた。自民党が提出を準備している「国家安全保障基本法案」では集団的自衛権の行使が前提とされている。現憲法下でもこの法案を提出できるのなら、別に憲法変えなくてもいいじゃん、という気がしてくる。

しかし、それではダメなのだろう。憲法改正草案の各条文を見ていくと、「それ別にいらなくない？」という微修正が多い。たとえば現憲法で「思想及び良心の自由は、これを侵してはならない」となっている19条を「思想及び良心の自由は、保障する」と変更。日本語としてわかりにくく、また上から目線になった以外、何を変えたいのかがわからない。

他にも「選ばれなければならない」を「任命しなければならない」としたり、「すべて」を「全て」という漢字にしたかと思ったら、「但し」は「ただし」とひらがなにしてみたり、「とにかく今の憲法が気にくわないんだなあ」という熱意は伝わってくる。

だけど、改正草案から具体的なビジョンは見えてこない。フランスのように自由、平等、博愛といった建国の理念があるわけではない。アメリカが唱える自由と民主主義のように、世界へ流布させたい価値観があるわけでもない。現状の憲法になんとなくの不満があるだけなのだ。

そのあたりもあの頃のJ－POPと似ている。現状が不満で、そこから抜け出したいのだけど、何か具体的にやりたいことがあるわけじゃない。

J－POPの場合は、「あなた」や「君」といった、「大切な何か」に出会うことで、その問題は解決された。

華原朋美は「I'm proud」（1996年）でこう歌っている。情熱が崩れそうでも、夢が素直に見られなくなっていても、街中で居場所なんてなくても、「あなたに会えた夜」から人生は変わり始めた。「あなた」に出会って初めて、自分を誇れるようになれたというのだ。

しかし憲法草案に「あなた」にあたるものはない。辛うじてそれが「美しい国土」や「良き伝統」ということなのかも知れないが、それが具体的にどういうものかは示されていない。

それは、自民党のキャッチコピー「日本を、取り戻す」にも通じる。一体、誰がどこから「日本」を「取り戻す」のかが全くわからない。「民主党」ということだったのかも知れないが、別に「日本」は民主党の持ち物ではない。日本国の主権者は国民である。

もっとも具体的なビジョンがないのは、何も自民党が悪いわけではない。なぜならば、今の日本にはＪ－ＰＯＰにおける「あなた」がいないからだ。それまでの人生を何もかも変えてくれるような「あなた」。これからも共に歩んでいこうと思える「あなた」。そんな「あなた」はどこを探してもいない。

独立も革命もなかった国で

多くの近代国家は建国の理念を持つ。それは抽象的に創造されたフィクションというよりも、各国の具体的な歴史的経験に根ざしていることが多い。

よくあるパターンは民衆革命だ。フランスでは民衆による革命の始まった日が建国の日とされ、革命時に自由、平等、博愛といった国家の理念も形成された。しかし日本は、明治維新が無血革命という形で行われ、それが民衆革命ということにもなっていない。

民衆革命以上にオーソドックスな建国の理念を作る方法は、宗主国から独立することだ。アメリカの独立記念日をはじめ、世界的に見てもそれまで支配されていた国からの独立をもって、建国記念日としている国は非常に多い。

植民地支配からの脱却という歴史は、国家の物語として非常にわかりやすい。不遇だった植民地時代。ひどいこともたくさんされた。だけど、僕たちの力によって、この国は独立することができた。その想いを忘れずに、これからも生きていこう。独立した国家は、こんな失恋立ち直りソングみたいに、建国の歴史を紡ぐことができる。

もし日本が近代においてアメリカやロシアの植民地になっていたならば、その独立記念日が「建国の日」とされただろう。だが日本にはがっつり植民地支配された経験がない。要するに日本は本格的な革命の記憶も、独立の経験もないために、国家的な理念を持ちようがなかったのだ。自民党の憲法草案に「あなた」という「大切な何か」が不在なのは、そのためである。

しかしそれは悲しむべきことではない。大量の犠牲者を出す革命も起きず、植民地支配も経験しなかったことは、日本の歴史がそれなりに幸福だったということである。

たしかに日本も、戦後の一時期はアメリカに占領されていた。1952年に日米行政協定の締結によってGHQによる占領は解かれ、サンフランシスコ講和条約が発効されるものの、アメリカ軍は引き続き日本に留まることになった。だから別に独立って感じでもない。

しかもGHQの占領が解かれて約60年、日本は在日米軍と共に経済的な繁栄を謳歌してきた。アメリカに親しみを持つ国民は多い。自民党の憲法草案も、アメリカからの独立を目指すものではない。「日本を、取り戻す」相手というのは別に「アメリカ」というわけでもないらしい。

憲法で国の姿は変わらない

J－POPが「退屈」を歌っていた時代から15年が経ち、日本の社会状況はだいぶ変わった。少子高齢化は進み、個人消費も落ち込んでいる。「貧困」や「格差」という言葉をニュースで聞かない日はない。

現代のJ－POPで、もはや「退屈」は主要なモチーフではない。仲間への感謝、日常の素晴らしさなど、より「閉じた」世界を生きる主人公たちの歌が増えた。若者たちの生活満足度や幸福度も上昇傾向にある。そんな時代に、90年代J－POPみたいな憲法を掲げたところで、時代遅れなのではないかと思ってしまう。

そもそも、国民的な経験に根ざさない憲法や建国の理念は、結局国の形を何も変えないだろう。革命や独立に代わり、かろうじて日本における国民共通の記憶と呼べそうなものは、およそ70年間続いた「平和」意識くらいだ。良くも悪くも、治安が良く、平和であるという意識だけは国民の間で共有されている。だとすれば、「平和」意識から乖離した憲法が国民から受け入れられることはないだろう。

もちろん、半ば強引な形で憲法を変えることはできる。しかし国民的な関心が低いまま改正した憲法に、果たしてどれほどの意味があるのだろうか。口に出したからといって夢が叶うわけではない。同じように、憲法にそう書いたからといって、理想通りの国家が生まれるわけではない。

ポエムなんかで、国は簡単に変わらない。

「テクノロジー」だけで未来は来ない

強いリーダーへの期待。オリンピックが開催されれば経済は安泰だと考える人。憲法さえ変えれば日本が良くなると信じる政治家。どうやら、この国の大人たちは「今ここにないもの」に過剰に期待してしまうらしい。この章ではスマートフォンやマイナンバー制度に対する「おじさん」たちの過剰な期待、そして上滑りの様子を見ていこう。

「スマート家電」が全然スマートじゃない

2012年夏のことだ。NHKで深夜に放送されているニュース番組を見ていたら、金髪のジャーナリストが新発売のスマホ型のデジタルカメラについて話していた。ニコンが、アンドロイド搭載のデジカメ「COOLPIX S800c」を発表したというニュースだ。

デジカメなのにＷｉ－ＦｉやＧＰＳ機能を搭載、ツイッターやフェイスブック、メールの送受信もできてしまう新製品らしい。え、だったらスマートフォンと同じじゃないかって？

違う。「ＣＯＯＬＰＩＸ　Ｓ８００ｃ」にはスマホとは異なる大きな特徴がある。通話機能がついていないので、電話ができないという点だ。誰かと通話もしたい人は、カメラ機能の充実したスマホを買ってね、というわけである。この「通話機能のついてない、カメラ機能がちょっと充実したダサいスマホもどき」、一体誰が買うのか全く想像がつかなかった。その後、後発機がでないことからして、実際あまりヒットはしなかったと推測される。

しかし、誰もが「イノベーション」の必要性を訴える時代、成功の確率は極めて低いだろうが、ニコンの冒険的な試みはもっと評価されても良かったのかも知れない。そんな風に思っていたら、実は日本の家電メーカーはこぞって、とんでもなく「イノベーティブ」な商品を発表していた。

パナソニックは一時期「スマート家電」というものを本気で売り出そうとしていた。たとえば一押しのドラム式洗濯乾燥機「ＮＡ－ＶＸ８２００Ｌ」。売りはスマホと連携して、洗剤や柔軟剤の適量が簡単にわかることだ。洗濯機本体にスマートフォンをタッチすると、クラウドサーバーと通信、洗剤や柔軟剤の種類の設定ができるという。そんなのスマホを使わず本体で設定したいところだが、あえて最新テクノロジーを使わせるあたりが非常にスマートだ。

さらに洗濯機の使い方がわからなくなってしまった時は、取扱説明書を探さなくても、なんとスマホで操作方法を確認できるという、お年寄りにも優しい親切設計。この高機能洗濯機、発売当初の実勢価格は34万円ほどだった。

僕は洗剤や柔軟剤なんていつも適当に入れてしまうのだけど、きっちりした分量を最新のテクノロジーを使って知りたいというマニアには、34万円なんてきっと安い買物だったのだろう。

このようにインターネットと連携した家電を、最近では「スマート家電」と呼ぶ。パナソニックは、白物家電のスマート化に本気だった。

たとえばエアコン「Xシリーズ」では、スマホの専用アプリケーションを使って外出先でもエアコンのON／OFFができるという。さらに、いつでもどこでも電気料金の確認、1ヶ月先まで、スケジュールに合わせたタイマー予約さえもできてしまう。

外出中に家族が電気を無駄遣いしていないか、いつでもどこでも監視できるので、節約の鬼には垂涎の商品だろう。ちなみに、価格は冷房能力によって21万円から34万円前後だった。さらに本体に装備する無線アダプターや無線ゲートウェイを別途購入する必要もあった。今時、数万円で買えるエアコンも多いが、節約のためには数十万円の出費を惜しまない人にぴったりの商品だ。

その後、パナソニックは「アラサーエアコン」なるものまで発売してきた。スマホ連動、節電、除菌がウリの製品をなぜ「アラサー」限定に売ろうとしたのか謎だが、さらに謎だったのは広告に描かれていた「アラサー」像だ。

幸せそうなパパとママ、そして子ども一人とペット一匹。最近の国勢調査によれば、30歳時点での未婚率は男性で53%、女性で41%だ。また、アラサー（25～34歳）が世帯主の5011万世帯のうち、「夫婦と子どもからなる世帯」は35%にあたる1777万世帯しか存在しない。

パナソニックが想像するような「アラサー」はもはや多数派などではない。いかにパナソニックの頭が昭和時代のままか、ということがわかる。

本気のパナソニックは冷蔵庫までスマート化してきた。スマホを本体にタッチするだけで、驚くべきことにドアの開閉回数がわかってしまうらしい。このデータはどんどん蓄積されていくので、節電意識向上に役立つのだという。

機能はこれだけではない。アプリを使ってレシピ検索ができるので、献立を考える手間がはぶけるのも嬉しい。もちろん、冷蔵庫の中の食材を自動的に判別して、勝手にレシピを提案してくれる、なんていう押しつけがましい機能ではない。ただ自分でアプリを使って検索するだけだ。超スマートである。

クックパッドをどうしても使いたくない人、『体脂肪計タニタの社員食堂』や『終電ごはん』といった流行のレシピ本を買いたくない人にぴったりのサービスだ。発売当初の価格は30万円前後だった。

パナソニックだけではない。最近ではシャープがココロエンジンという人工知能を搭載し、言葉や光、ダンスでコミュニケーションがとれる掃除機を売り出している。いいから、普通に掃除して欲しい。他にも富士通がパソコンにナノイーイオン発生装置を搭載したりと、家電メーカーのご乱心は止まることがない。

誰も欲しがっていない新製品

なんでこんなことになってしまったのだろうか。

理由ははっきりしている。家電のコモディティ化（均質化）だ。テレビ、冷蔵庫、洗濯機、デジカメなど多くの家電の基本機能はとっくに技術的に成熟してしまった。

まだ家電が開発途上であった時は「このテレビのほうが画面がきれいだ」「この洗濯機のほうがキレイに汚れが落とせる」といったように、商品ごとに「性能」の差があった。しかし今や、どのテレビを買っても画質は素人目には大きく変わらない。

そんなコモディティ化した業界では、価格競争が始まってしまう。性能がどんぐりの背比べなので、「値段が安い」ということでしか優位性が打ち出せなくなってしまうからだ。価格決定権が家電量販店やネットショップなどの流通側に握られてしまった現代では、価格競争ばかりが激烈になっていく。しかしこれでは安い人件費をふんだんに使える新興国のメーカーに太刀打ちできない。

そこで、日本の家電メーカーは頑張って何とか付加価値を付けようとする。ただのデジカメではなく、スマホ機能をつけてみる。ただのテレビではなくて目覚ましをつけてみる。その付加価値によって、価格が多少高くても消費者に新製品を買ってもらおうというわけだ。

しかし、その戦略は残念ながら三つの意味で、うまくいっていないように思う。

一つは、誰もそんなの欲しがっていないから。開発担当者によれば、パナソニックのスマート家電の開発には、先行して発売した商品に「20代から30代のスマホ世代の関心が高かった」ことがあったという。

確かにスマホを使った家電に対する興味関心は高齢者よりは若年層のほうが強いだろう。しかしただでさえ少ない若年層の可処分所得が通信費などに消えていく中で、誰が34万円の洗濯機を買うんだって話だ。関心が高いことと、それが購買につながるかはまるで別問題だ。

もっともスマホ家電戦略が大間違いだったとは言い切れない。世界的に「モノのインターネット」化に注目が集まっているからだ。家電から自動車、医療器具、空調設備まで様々な「モノ」をインターネットにつなげていこうという発想だ。

たとえば、家電大手のフィリップスはインターネットに接続できる歯ブラシを開発中だ。ユーザーがどのように歯ブラシを用いたかが歯科医のもとに送られ、患者は適切な指導を受けられるようになるという。また流行に敏感なパナソニックは、ゼネラル・モーターズと連携して、スマホで自動車を操作できるシステムを開発しているという。

しかし製品をインターネットにつなげば、その分ウイルスなどに感染する脅威も高まる。たとえばネットにつながった冷蔵庫がサイバー攻撃に遭い、大量のスパムメールの発信源になってしまうという可能性が真剣に検討されている。今後、ウイルスに感染したスマホが自動車を暴走させてしまうという、SFみたいな事件が起こるかも知れない。

個人的にはスマホ連携なんてどうでもいい。歯磨き指導は歯医者に行って受ければいいし、自動車はハンドルで運転すればいい。それよりも、メーカーには「ぱっと見て、かっこいいもの」「ぱっと触って、気持ちいいもの」を作って欲しい。

電器屋に行くといつも絶望的な気持ちになるのだが、日本メーカーの冷蔵庫や洗濯機は本当にどれも同じような、もっさりしたデザイン。それは家電メーカーがこぞって「おじさんの会社」だからだと思うが、「おじさん」以外の意見にも耳を傾けるような仕組みを構築できないのだろうか。

「本質的な価値」がおろそかに

二つ目のダメな点は、製品としての「本質」がおろそかになっていること。

たとえばドラム式洗濯機にはかねてから構造的な欠陥が指摘されていた。まず洗濯槽が横向きに回転するため洗濯物が叩きつけられて服が傷みやすい。さらに節水を売り物にしているので使用済みの洗剤や柔軟剤が槽内にたまりやすい。だから使用者は頻繁に洗濯機の洗浄を行わないといけない。いいとこなしである。

マーケティングの常識だが、サービスには「本質的な価値」と「付随的な価値」がある。たとえば病院だったら「本質的な価値」は診察や看護、治療、投薬、「付随的な価値」は待合室環境、混雑状況、アクセス環境などだ。

「本質的な価値」は、ある閾値《いきち》を下回ると顧客は一気に不満を感じる。「診察が下手」とか「病気がちっとも治らない」病院には、誰も行きたくないだろう。一方で「付随的なサービス」は、多少低い水準であっても顧客の不満には結びつきにくい。

要するに待合室で美人看護師がお茶をサーブしてくれるけど、手術の成功率がほぼゼロという病院だったら、多少待合室が混んでいて、医者も仏頂面だけど腕は確か、みたいな病院のほうが顧客満足度は高い、というわけだ。

もはや後がない日本の家電メーカーの旺盛なチャレンジ精神を評価したいのはやまやまだ。しかし「性能が良いこと」「価格が適正であること」という「本質的な価値」を置き去りにしたまま、34万円の洗濯機が受け入れられると思っているのだろうか。

我が家のドラム式洗濯機も、爆音を轟かせながら服をドラムに延々とたたき付けてくれるため、服はすぐにボロボロになるし、頻繁に専用洗済で洗浄をしないと臭くなってしまう。「服を傷めず洗う」という洗濯板にもできたことが、なんで21世紀になってできなくなったのか、本当にわからない。

「ものづくりの国」は終わったのか

日本の家電メーカーの戦略が間違っている三つ目の理由、それは製造業における世界的なパラダイムシフトに、乗り遅れているという点だ。

「ものづくり」の世界は、今その仕組みを急速に変えつつある。

たとえばアマゾンの電子ブックリーダー「キンドル」、グーグルのスマートフォン「ネクサス」といったように、IT企業が続々と自社ハードを発売し、製造業に新規参入している。

何もグーグルはただ家電を作りたいわけではない。彼らにあるのは、サービス産業の一部にプロダクトをいかに組み込めるのか、という視点だ。そこで求められるのは日本企業が得意としてきた「匠の技」や「すりあわせ」といった高度な技術ではない。

キンドルという製品が使いやすいに越したことはないけれど、それ以上にどれだけの電子書籍が揃っているのか、パソコンとの連携は容易かなどを消費者は総合的に評価する。製品単体の満足度ではなく、サービス全体の体験でモノが選ばれる時代になっているのだ。

だから、スマート家電という発想は、あながち間違いとも言い切れない。だけど、パナソニックがスマート家電を通して、どのような未来を実現したいのかが全く見えてこない。それを買うことによって僕たちの生活がどのように変わるのか、全く想像がつかない。どうせなら、もっとキラキラした「夢」を見せて欲しい。

一つ一つの機能はすごいんだろうけど、仕組み作りが下手で、グランドビジョンを描けない。スマホ機能搭載とか部分最適は得意なのに、製造業の再編という世界的なシフトには無頓着。すっごく「日本的」だ。

日本軍の失敗を組織論的に分析した『失敗の本質』（中公文庫）研究の指摘は、驚くほどに今の家電メーカーにも当てはまる。グランドデザインがなくて場当たり的。環境に適応しすぎてガラパゴス化してしまう。現場の気づきが中枢に届かない、学習しない組織。このような組織は短期決戦には向くが、長期戦になればなるほど不利になっていくという。

確かに戦後の日本は「ものづくり」で発展してきた。しかし日本が「ものづくりの国」であり得たのは、冷戦のおかげだったとも言える。

東側陣営の中国は世界市場には参入していなかった。韓国や東南アジア諸国は親米独裁政権だったため政情も不安定で教育水準も低かった。そんな中、アメリカなど一歩先行く先進国で衰退した製造業を、肩代わりする国として日本は躍進できたのだ。

冷戦も終わり、若い労働力が減り、円の価値も上がってしまった今、「ものづくりの国」を支えていた土台が根幹から揺らいでいる。そんな危機意識が、スマート家電というご乱心を招いたのだろう。

「おじさん」たちはどうやら現状を打破しようとして、新しい技術に期待してしまうらしい。同じようなことは日本のいたるところで起こっている。たとえば政府が導入を進めるある巨大プロジェクトにも、「おじさん」たちによる技術への過信がある。

21世紀と20世紀のあいだ

ソファーで横になりながら、手の平サイズのタブレットで今週レンタルが開始されたばかりの映画をダウンロード。感想は、世界中の視聴者たちとツイッターで共有。映画に飽きたら電子書籍をぱらぱらめくる。友達からLINEが入る。この前のお花見の時の写真とムービーが送られてくる。

こんな時、僕は随分と未来になったのだなあと感じる。僕たちはもう、Wi-Fi環境とタブレット、そしてクレジットカードがあれば、こんな夢のような生活を送ることができる。さすが21世紀だ。

一方で、未来を生きているはずの僕たちは、よく次のような場面にも遭遇する。役所に提出する書類にはやたら印鑑が必要。「本人確認のため」とか言われるが、写真もない健康保険証が身分証明書代わりになったりする。なんだ、全然未来じゃないじゃん。

特に海外に行くときに、僕たちの社会がまだ未来になりきれていないことを実感する。本人の確認がパスポートという紙のノートなのだ。

2006年3月にはICチップ入りの新型パスポートが導入されたが、今のところ入っているのは顔画像や旅券面にも記載されている身分事項くらい。指紋も虹彩情報もなし。出入国審査は基本的に人間の目視で行われている。「国境越え」という究極的な本人確認が必要そうな場所なのに、紙と目視。本当にいいのか、と思ってしまう。

しかし日本でも2007年、J－BISと呼ばれる入国審査システムが導入された。日本を訪れる外国人に対して入国の際、指紋採取と顔の写真撮影を求め、それをブラックリストと照合するわけだ。犯罪者などの入国を防ぐことが主な目的だという。

J－BISの導入と同時に、日本人も事前に自分の指紋を登録しておけば、出入国審査で自動化ゲートを利用できるようになった。長い対面審査の列に並ぶことなく、ゲートに設置された機械に自分の指紋をかざせば、それで出入国審査が完了してしまう。法務省は「スムーズ・スピーディーに出国・帰国の手続き」が行えるとアピールしていた。

J－BISや自動化ゲートは導入時、ある批判にさらされていた。いずれは希望者ではなく全員に指紋登録が義務づけられたり、登録された個人情報が犯罪捜査に利用されたりするかも知れない、と。要は、日本の監視社会化が進んでけしからん、というのだ。

確かにそうかも知れない。だが、監視が徹底された社会というのは、言い方を変えれば非常に便利な社会なのではないか。出入国審査のように全てが指紋一つですむようになったら、毎日はどれだけ楽になるだろう。

こんなに素敵で便利な「監視社会」

もし情報が全て電子化され、それが全て指紋に登録されたら、僕たちはまず財布を持つ必要がなくなる。買い物をするときは指先をかざすだけでいい。ポイントカードも指紋と紐《ひも》づいているから、いちいちコンビニで「Tポイントカードをお持ちですか」「持ってません」というやり取りをする必要もなくなる。

病気になった時も楽だ。健康保険証を提示する必要はもちろんない。過去の健康診断の結果、既往歴などの情報は全て共有されているから、医者も診断を下しやすいし、処方してはいけない薬を出してしまうリスクも減る。監視がさらに一歩進んで、個人情報が社会的に共有されるようになっていれば、病気の診断などもより的確になる。

買い物をするときも便利だ。今まで自分が買ったものは全て登録されているなら、同じような服を買ってしまう心配はない。むしろ「あなたが3ヶ月前に買った黒いデニムにはこのシャツが似合います」と教えてもらえる。

運転免許証なんてプラスチック板も必要なくなる。車に乗るときは指紋をかざすだけ。登録者以外ではエンジンがかからない仕組みになっているなら、自動車が盗難にあう心配もない。

そもそも、泥棒という存在が社会からほとんど消えているかも知れない。電子化されたお金を盗むことはできないし、高級品にはタグが埋め込まれるのが当たり前になって、位置情報の追跡も簡単。街には無数の監視カメラ網が張り巡らされていて、犯罪者はすぐに発見される。

もしかしたら自分の位置情報や身体状況をモニタリングするチップが、物理的に身体に埋め込まれているかも知れない。そうすれば街中で急に倒れても安心だし、子どもが誘拐される心配も減る。「モノのインターネット」化どころか、ここまでいけば「ヒトのインターネット」化だ。

生活保護不正受給問題も解決だ。給付用途が制限された電子マネーで生活保護を支給すれば、パチンコやギャンブルに「国民の血税」が使われることはない。また生活保護受給者のお金の使い道をマーケティングデータとして活用することもできる。

そのような社会では、税金に対する概念もだいぶ変わっているだろう。国民の資産は全て把握されているし、ほとんどの取引は電子データで行われるので捕捉も簡単。脱税は非常に困難で、税金はとても公平な制度になる。

なんて便利で快適で安全な社会だろう。監視というのは、自分で情報を提示しなくても、誰かが管理してくれている状態のことだ。身分証明書や保険証書を保管しなくても、重要情報は全てクラウド上にある。どこへ行くにも、何をするにも、ほとんど指先一つで何とかなってしまう。

人類はずっと監視されてきた

「監視」というと、どうしてもネガティヴなイメージがつきまとう。ジョージ・オーウェルの小説『1984年』のような、国家が国民の一挙一動を監視し、あらゆる情報が検閲される社会が想起されてしまうのだ。

無理もない。日本は戦前、GHQ占領期と、国民が情報統制されてきた歴史を持つ。大日本帝国下では当局を批判するような書物の発行が認められなかった。治安維持法のもとでは小林多喜二が小説内における描写が引き金となり拷問死させられた。

そのような権威主義的な検閲と、現在のテクノロジーが組み合わさったら、確かにそれはディストピアだ。少しでも体制にまずいことを書けば、書籍であろうがツイッターであろうが一瞬で発見され、摘発される。

しかし国民が監視状態にあることと、監視によって明らかになった情報を国家が統制することは、本来は別の話である。人々が便利で快適で安全に暮らせるための「良い監視」もあれば、人権が制限され、人々の自由が奪われる「悪い監視」もある。

もし国家権力の肥大化うんぬんを言うならば、国民による国家の監視も徹底させればいい。税金の使い道はもちろん、警察や検察での取り調べの可視化の実現など、監視対象にすべきことはたくさんある。

東京で一時期流行していた脱原発デモでは、警察側の高圧的な対応がよくユーチューブなどにアップされていた。誰もが携帯電話のカメラで動画を撮れる時代に、もはや権力も監視からは自由ではいられない。学生運動時代に機動隊が起こしたような暴力事件が再発する可能性は、非常に低くなったといっていい。

そもそも、監視がなかった社会など、人類の歴史上どれだけあったのだろうか。たとえばムラ社会などは究極の監視社会である。誰がいつ生まれ、どんな風に育ち、どのような思想を持っているかは、大抵みんなが知っている。

人間は一人では生きられない。人が集団で生きていくためには、お互いの情報を認識していないとならない。人と監視は切っても切り離せない縁にあるのだ。その意味で、人類はずっと互いを監視し、監視され生きてきた。

ムラレベルで行われていた監視を、一気に数千万人単位で行おうとしたのが近代国家というプロジェクトだ。人は生まれた時に住民登録され、その情報に基づいて教育機関への就学、公的保険への加入、福祉制度の利用といった国民としての権利を享受する代わりに、勤労や納税といった義務を負うことになる。

監視から逃れれば義務は負わなくてもいいかも知れないが、生きていくこと自体難しくなる。学校にも行けないし、病院にも行けないし、もちろん生活保護も受けられない。

「無縁社会」という言葉があるが、現代日本人が本当の「無縁」になんてなれるはずがないのだ。少なくとも国家との縁は確保されている。それは誰もが国家に監視されているということだが、ムラで顔の見える相手に常に監視され、陰口を言われるよりもよっぽどマシな仕組みではないだろうか。

あまりに不便な「マイナンバー制度」

ただし、現代日本は不十分な監視社会である。

東日本大震災では本人確認が難しいケースが相次いだ。着の身着のまま逃げ出し、避難した人々は、自分が誰かを証明するものを持っていない。安否確認や被災者名簿などの作成は一筋縄ではいかなかったという。

国家の根幹を成す税金に関しても「クロヨン」と呼ばれるように、どこまで実態に即して捕捉できているか疑問だ。捕捉率の業種間格差は減少傾向にあるという研究もあるが、帳簿の必要ない白色申告を続ける人は多いし、税務署員の数も多いとはいえない。さすがに2014年からは白色申告でも帳簿作成が義務化されるというが、それもどこまで徹底されるかわからない。

家で確定申告ができるe－Taxなどもあるが、ICカードリーダーが必須なうえに、電子証明書の取得などもあり準備が非常に煩雑だ。

もっと、この国は便利にならないのか。

実は2013年、日本が「素敵な監視社会」へ踏み出すための第一歩となりそうな法律が成立した。国民全員に個人番号を割り振って、納税に関する実績や年金情報などを政府が一元的に管理できるようにする「マイナンバー法」だ。

もし制度設計者の思惑通りに全てが進めば、年金手帳や健康保険証、介護保険証が一枚のICカードにおさまる。医療費の支払い状況はネットで確認できるし、「消えた年金」問題も解消される。様々な情報が一元的に管理されるので所得把握の精度も上がる。

役所の窓口でのたらい回しもなくなる。将来は民間と連携して、マーケティングデータとして国民の情報を企業に売ればいいという専門家もいる。

ただしネックがある。その導入と運用にかかる費用がちょっと高いのだ。いくつかの試算があるが、システム設計と導入に数千億円、加えてランニングコストが毎年数百億円はかかると言われている。まあ、便利な監視社会実現のためには仕方がない。

ネックはもう少しある。マイナンバーを導入してもはじめは大したことができないのだ。専用サイトで自分の所得税額や年金額を確認できるくらい。国のほうも、個人の所得や不正受給を完全に把握できるようになるわけではないらしい。政府は「小さく産んで大きく育てる」という方針らしい。数千億円をかけての事業にもかかわらず「小さく」というのだから、日本がいかに財政に余裕のある国かがわかる。

ネックはあと少しある。マイナンバー推進論者はよくエストニアやスウェーデンをモデルケースとして挙げる。しかし共に小国で、日本と単純に比較できない。しかもエストニアは電子政府化を進めすぎた結果、サイバー攻撃の被害に遭い、国家機能が麻痺する事態に陥った。また他国でも共通番号を使ったなりすまし犯罪が相次いでいる。

ネックはこれで最後だ（本当はもっとあるが、きりがないので止める）。マイナンバーのキモは、各省庁がバラバラに管理していたデータを一元化して、個人を適切に管理し、行政を効率化することだ。しかし省庁間の連携が進まずに、いっこうに普及しない「住基ネット」の二の舞になる可能性がある。これが一番問題かもしれない。

日本は戦時下においても省庁間、陸海軍間で喧嘩していた国だ。事業仕分けでもたびたび類似事業の省庁間のダブりが指摘されていたが、それに対して合同の推進室を設けて、結局事業は継続、むしろ推進室分だけ仕事が増えてます、みたいな国なのだ。マイナンバー制度が実施されたからといって、一気に国家の体質が変わるとは思えない。

それを見越してか、マイナンバーを、行政機関ごとに、関連性はあるが異なる番号を付与するという「セクトラル方式」にするという話もある。ナチスドイツに支配された経験から国家による管理に嫌悪感のあるオーストリアで採用されているモデルだ。よくそんなの見つけてくるな。

巨額のシステムを導入する前に

実は日本の監視社会化の試みは、ことごとく失敗してきている。

早くも1970年には行政管理庁（現総務省）が事務処理用統一個人コードの必要性

を唱えていた。1980年代には課税強化を狙ってグリーンカード法案が国会で可決されたものの、結局は廃案に。2002年から稼働した「住基ネット」も、氏名・生年月日・性別・住所が「住民票コード」に紐づけられているだけで、全然機能してないのはご存じの通りだ。

また1990年代からは全国自治体で「社会保障カード」の導入実験が行われ、ICカードが住民に配られるなどしたが失敗続き。大手ITゼネコンだけが得をして終わった。

結局、マイナンバーを導入しても、国家の体質が変わらない限り、住基ネットのように新しい番号が一つ増えて終わるだけではないか。もしくは使い道のないマイナンバーカードなるものが全国民に配布されて、無駄な予算がかかるだけかもしれない。そもそも税金の捕捉率を上げたいなら税務署員を増やせばいいし、巨額のシステムを導入する前にできることはたくさんある。

社会は突然には変わらない。昨日までに構築されてきた膨大な遺産を引き継がないとならないからだ。マイナンバー制度が始まったとして、もくろみ通りの運用ができるまでには莫大な費用と、途方もない月日がかかるだろう。

指一本で全てがすむような監視社会には、まだまだ越えるべきハードルがある。それを実現するためには、社会のあり方全てを作り替える必要がある。果たして僕たちにはその覚悟があるのか。

そして、技術を運用するのは他でもない人間なのだ。

友人が空港自動化ゲートの利用登録をしようとした時のことである。そもそも登録者が少ないため、係のおじさんは明らかに慣れない様子。キーボードを指一本で打つので時間がかかる。しかも肝心の指紋もなかなか登録されない。ゲートを通る際も、ようやく登録した指紋が何度試しても読み取れず、結局対面審査に切り替えてもらった。

新しい技術を用いたところでそれが作り手の思った通りに活用されるとは限らない。しかも、そのテクノロジーというのも、往々にして不完全なことが多い。技術だけで社会は変えられそうにない。

「ソーシャル」に期待しすぎるな

「おじさん」向け雑誌では、繰り返しソーシャルメディアや、それを活用したマーケティング手法が特集されてきた。大企業や政府は何とか「ソーシャル」を活用して、商品を売ろうとしたり、自分たちの活動の認知度を高めようとしている。一方で、「炎上」といった形で、ソーシャルメディア発の事件も増えた。企業への抗議活動なども盛んだ。そんな状況に「おじさん」たちは一喜一憂し、慌てふためいているように見える。果たして、「ソーシャル」とはどのように付き合えばいいのだろうか。

「共感」のコントロールは難しい

この数年、フェイスブックやツイッターなどソーシャルメディアを活用したマーケティングが流行している。大手企業がツイッターのアカウントやフェイスブックページを持つのは当たり前になった。様々な企業が、ソーシャルメディアを活用して、移り気な消費者たちの心をつかもうと必死である。

フェイスブックの「いいね！」ボタンが象徴するように、ソーシャルメディアを使ったマーケティングというのは人々の「共感」をベースにしている。うまく「共感」の連鎖に消費者たちを巻き込むことができれば、そこまでお金をかけずにモノを売ることができるのだ。不況の煽りを食って予算を減らされている宣伝部門において、ソーシャルメディアは福音に聞こえただろう。

しかし難しいのは、「共感」の対象は人によってバラバラであること、さらに消費者はそんなに企業に都合よく「共感」してくれないということだ。むしろ企業にとっては都合の悪い情報やバッシングのほうが「いいね！」ボタンやリツイートを通じて一気にソーシャルメディア中に広まってしまう危険性もある。

あのゲームがつまらないとか、あのシャンプーは頭皮によくないとか、あの企業はこんなにひどいとか、ほとんどの人は情報の真偽なんて確認せずに、その情報がネタとして面白いかどうかだけで、それを拡散させていく。

さらにこの数年、ネットでの騒ぎが、インターネットの世界だけで収まらなくなった出来事も相次いでいる。代表的なのがネット右翼による「フジテレビ抗議デモ」や「花王不買運動」だろう。

大企業だって簡単にバッシングできる

2011年8月21日、フジテレビのあるお台場には「偏向報道をやめろ」「韓流いらない！」などのプラカードを持った人々が集まった。主催者発表によると総参加者は8000人。4月10日に行われた東京・高円寺の「原発やめろデモ」の参加者が約1万人だったというから、それにも匹敵する人数だ。

彼らの主張はフジテレビが公共の電波を私有化しており、特に韓流ドラマや歌手を積極的に登用し、露骨な韓国偏向報道をしているのではないかということだ。このような言説自体は、新しいものではない。

田母神俊雄が会長を務める「頑張れ日本！　全国行動委員会」など保守系団体の主催するデモに参加する若者にインタビューしたことがある。その時、彼らはたびたび「マスコミの偏向報道」について語っていた。だが、「頑張れ日本」などが主催していた排外主義的なデモは、「外国人参政権反対」「尖閣諸島問題に関する対中国の弱腰外交批判」などの形で原宿や六本木など街中を練り歩くものばかりだった。

それが今度はバッシングの対象がより直接的に企業に向いた。しかも、ただの排外主義デモよりも盛り上がった。当日のニコ生視聴者は25万人、USTREAM視聴者数は14万人と、結構な数の人に認知される事件になった。

このフジテレビデモにはソーシャルメディアが大活躍した。主催者たちによれば、デモのきっかけは俳優の高岡蒼甫がツイッターで、数多くの韓流ドラマを放送していたフジテレビを「韓国のTV局か」と批判したこと。それがツイッターや2ちゃんねるで大きな話題を呼び、8月7日の非公式デモ、8月21日の大規模デモにつながった。

実際は、権利料の安さにもかかわらず視聴率が取れるという、きわめてビジネス的な理由でフジテレビは韓流ドラマを放映していた。それがネット右翼には「韓国の日本支配」に見えてしまったのだ。きちんとお台場の社屋に日の丸を掲げ、産経新聞もグループ企業であるフジテレビには思いもよらぬ災難だった。

しかし攻撃対象はフジテレビだけに終わらなかった。フジテレビの有力スポンサーという理由で花王までもがターゲットにされてしまったのだ。花王もとんだとばっちりである。9月16日と10月21日には花王製品の不買を呼びかけるデモが開かれた。

参加者は1000人程度。フジテレビデモほどは盛り上がらなかったが、同じ頃世界中のメディアが注目していた「オキュパイ・ウォールストリート」の日本版「オキュパイ・トウキョウ」に集まった人は数百人だったから、そこそこ善戦していると言えるだろう。

さらにデモだけでは終わらずに、花王に対する不買運動が広がる。デモなんかに参加できるのは東京近郊に住む暇な人だけだが、不買運動ならば誰でも気軽に行うことができる。主催者が呼びかけるように、買い換えの時に違うブランドの製品を選ぶだけでいいのだ。

もともと一部のファン以外は「洗剤は絶対に花王がいい！」「何があっても石鹸は花王」なんて人はいないだろう。単価の安い消費財の不買運動というのは、誰でも参加しやすいのである。

アマゾンで花王製品を見てみると、何百もの花王批判レビューが並ぶ。多くのレビュワーは花王製品批判だけを行っていた。たとえば花王の洗剤「アタック」のレビューでは、P&Gの柔軟剤「レノア」を一緒に入れないと臭いが取れないと書かれていたり、なかなか機知に富んでいる。

って、一消費者としてはちょっと笑ってしまったが、花王からしたらたまったものじゃないだろう（万が一この文章を花王の人が読んでいたら安心して欲しい。僕は花王の不買運動には参加していない。もともと洗剤はP&Gの「アリエール」だ）。

「冷めやすい消費者」に怯えるな

なんてふざけてしまったが（柔軟剤は花王「ハミング」を使っている）、このようなソーシャルメディアを活用した企業バッシングに、企業側は過度に怯えることはないと言いたい。

そもそも不買運動なんて、ソーシャルメディアが発達する前から普通に起こっていた。たとえば1970年には消費者団体による松下電器（当時）をはじめとしたカラーテレビの不買運動が大きな盛り上がりをみせていた。消費者側の要求は家電製品、特にカラーテレビの値下げ。販売額の二重価格疑惑を受けて、五つの消費者団体が不買運動を決議したのだ。

花王どころの騒ぎではない。半年以上続いた不買運動で受けた損失は日立が100億、東芝が80億、三菱で60億、業界最大手だった松下は当然それ以上だろう。どうせテレビを作っても買ってもらえないからと、工場を半日操業に切り替える企業まであった。

消費者団体は本気だった。消費者も本気だった。30万枚ものビラが配られ、ボーナス時期にも徹底的なテレビの買い控えが呼びかけられた。結局、松下電器側が新製品の定価を2割下げることを決定。半年以上続いた不買運動は何とか収まった。

カラーテレビだけではない。再販制度に抗議した主婦たちが資生堂の不買運動をしたり、儲かっているのに値上げをしたという理由でビール会社への不買運動も起こっている。さらに主婦たちはビール税が高すぎると国税庁にまで牙をむいた。

どうだろうか。アマゾンレビューを荒らす花王の不買運動なんてかわいいものに思えてこないだろうか。事実、花王の株価や業績を見る限り、「不買運動」の効果を確認することはできない。

これは昔の人のほうが熱くて、今の人のほうが冷めているとか、そんな簡単な問題ではない。ソーシャルメディア時代の企業バッシングは、実は原理的に、インターネットさえなかった時代よりも手緩《てぬる》くならざるを得ないのだ。

ソーシャルメディアにおける「共感」というのは、冷めやすいのだ。一瞬、マスコミの不正に怒り狂ってニコニコ動画やブログを使って何かを書き散らしても、その気持ちは長く続かない。

さらに、人々に「何かした」感を気軽に与えてしまう。ツイッターで何かそれっぽいことを書いて、大勢の人にリツイートされれば「これで花王をこらしめてやったぜ」とでも思ってしまう。

つまり、ソーシャルメディアがガス抜き装置になって、1970年代のような大規模な不買運動の可能性が抑制されているのだ。

もちろん中心人物が誰かわからない有象無象の人々の運動は、コントロールしにくいという危険性は残る。いわゆる「ネット炎上」というものだ。炎上は確かに一回性のものだが、そのターゲットとなった企業からしたらたまったものではない。

僕の「プチ炎上」体験

企業ではないが、僕自身も何度か炎上を経験したことがある。

2013年、フジテレビ「とくダネ!」にコメンテーターとして出演した時だ。番組では神奈川県で女子中学生が、学校に忍び込んでガラスを割ったり、校舎内を水浸しにしたりしたという事件が報道されていた。

それに対して僕は「法律的には問題だろうが、正直かっこいいとも思ってしまった」「尾崎豊みたい」と事件を揶揄するような気持ちでコメントをした。「近頃の若者は元気がない」と嘆く大人たちに対する皮肉のつもりであった。「いまどきよくやるね」という感じだ。尾崎豊という名前を付け加えたのは、2012年の『朝日新聞』成人の日の社説で、僕の著書『絶望の国の幸福な若者たち』と尾崎豊が対比されていたことを意識したものだった。

しかし、朝のワイドショーでそんな高度な（独りよがりな）皮肉が通用するわけはなかった。「とくダネ!」には保守的な視聴者が多いということもあり、テレビ局にも苦情が殺到したらしいし、ネットニュースで記事が書かれたり、2ちゃんねるで色々とスレッドが立ったりもした。「犯罪を擁護するのか」「学校を片付けた関係者の気持ちがわかるのか」。まあ、大体そういったことが書かれていた。

番組がフジテレビの「とくダネ!」だったことも問題だったらしい。ネット右翼には「フジテレビ」というだけで偏見を持っている人が多い。全く韓国とは関係のないテーマだったにもかかわらず、ネット右翼たちは僕への攻撃に喜んで参加した。

そんな大したことを言ったつもりじゃないし、別に特定の誰かを傷つけたわけでもないんだけどな。ツイッターでも怒りのメッセージがたくさん送られたりしたが、だからといって僕が気持ちを入れ替えるとか、反省するなんてことはなかった。むしろ、なんでみんながそんなに怒っているのか疑問だった。

仕方がないので（なかなか炎上が収まらなかったので）、身をもって炎上のからくりと防止策について考えてみることにした。

「正しさ」ではなく「もっともらしさ」が勝つ

リスクマネジメントの観点から考えると、炎上が起きた時には、大きくわけて二つの解決策がある。一つ目は賛同者や擁護者が多かった場合。初期段階では糾弾が多くても、その意見に賛意を示してくれる人が多かった時は、しばらく黙っていればいい。外野が勝手に自分に有利なように意見を形成してくれるからだ。

二つ目は賛同者が現れなかった場合。その時はすぐに謝罪するなり、発言を撤回するなりしたほうがいい。さもなくば何を発言したところで「言い訳」と思われて、炎上の炎は強まる一方だからだ。また、沈黙を貫いても、勝手に自分への批判者は増えていき、発言はどんどん独り歩きしていく。

炎上騒動を通して改めて実感したことがある。それは、僕たちが生きる日常の世界は、別に法廷でもなければ学会でもないということだ。

もし法廷闘争であれば、集められる限りの証拠を並べて、自分の正しさを立証すればいいだろう。学会でも同じだ。学術的な論文では、一つの命題の正しさを証明するために、証拠を集め、論理を組み立て、結論を導く。

しかし、炎上が起こるのは法廷や学会ではなく、新聞であり、テレビであり、ネットだ。そんな場所で法廷や学会のルールが通用するわけがない。日常を支配するのは、「論理的に正しい」とか「証拠から考えて正しい」といった「正しさ」ではなくて、「よくわかんないけど、そうなんじゃないの」という「もっともらしさ」である。

恋愛と一緒だ。一度浮気が疑われたら、もう何を抗弁したところで、あらゆる行動は色眼鏡で見られてしまう。後から何を言っても「もう言い訳はいいから」というように、きちんと取り合ってもらえない。

ビジネスの世界でも同じだ。交渉は、相手のあらゆる情報を把握した上で行われるわけではない。それよりも「感じがいい」とか「信頼できそう」とか「お金を持ってそう」とか、数値化できないような要素で人間関係は築かれ、ビジネスは進んでいく。

言い換えれば、「相手からどう見られるか」「相手にどう思われているか」が全てということだ。もちろん、その判断材料には会社名や学歴、実績など客観的なデータも含まれる。しかしそれと同じくらい、雰囲気だとか、話しぶりだとか、ルックスだとかといった主観的な要素も重要だ。

こんなのは文字にするまでもない、非常に当たり前のことだ。しかし、社会性が高い話題に関しては、こうした「当たり前のこと」がないがしろにされやすい。

法廷でも学会でもない場所で、いくら「正しさ」を主張したところで、「そう思われてしまった」時点で、もうほとんどゲームは終わっているのだ。よほどの新証拠でも提示できないかぎり、一度「そう思われてしまった」印象を覆すのは、非常に難しい。あとから何を言っても「ああ、言い訳はもういいから」とチャンネルを変えられてしまう。

実際には法廷や学会でも心証は非常に重要視される。客観的な資料をもとに論理的に行われるべき学者たちの論争も、一歩引いてみれば「お互いのことが嫌いなだけでしょ」なんてことはよくある。

「真実はいつも一つ」なんて嘘

2013年初夏、大阪の橋下徹市長による慰安婦発言でこの国は大盛り上がりだった。きっかけは大阪市役所で行われた記者会見。橋下市長が「慰安婦は必要だった」と発言したらしいのだ。沖縄で米軍に対して風俗活用を進言したということもわかり、一気に日本中を巻き込んだような大騒動になった。

5月13日に第一報があってから、その後の2週間は日本中が橋下市長と共に慰安婦問題についてのお勉強会をするような感じだった。市長は秦郁彦『慰安婦と戦場の性』（新潮選書）などを読み込み、慰安婦問題をどんどん学習。それに追いつくために記者も大変だったらしい。さすが弁護士出身だけある。

僕も「とくダネ！」や「新報道2001」で少しだけ橋下市長と共演したが、確かによく勉強していると思った。当時の歴史的事実や、その後の論争や問題点についても、一通りのことはフォローしている。下手な与党の政治家よりも、よほどバランスがいい。

しかし、多くの人が重要視するのは「正しさ」ではなく「もっともらしさ」である。そのことを一番わかっていたはずの橋下市長も、今回ばかりは泥沼にはまりこんでしまったようだ。

慰安婦発言があった会見で彼は、きちんと村山談話を引き継ぎ、あの戦争は「侵略」

であり「反省とおわび」が必要と言っていたのに、その部分はほとんど顧みられることがなかった。一度行き渡ってしまった「もっともらしさ」は、色眼鏡としても機能するのである。

歴史は「たった一つの真実」として記述するのが非常に難しい。そのことを橋下市長自身が体現してみせた。彼は5月下旬になって「慰安婦は必要だった」というのは誤報だったと主張し始めたのだ。

しかし彼の発言は多数の記者が同席する会見の中で行われたものである。「僕は誤報だと感じている、っていうのも僕の認識として認めてもらいたい」っていうことらしい。こんな風に、たくさんの資料や証言者が残されている場所で行われた一つの発言でさえ、そこには様々な「真実」が並列するのだ。

慰安婦問題で争点とされている70年前ならなおさらだろう。資料も散逸した時代の出来事を、たった一つの歴史として確定させるのは困難を極める。「真実はいつも一つ」なんて言えてしまえるのは、名探偵コナンくらいである。

炎上を避ける六つの方法

コミュニケーションには誤解がつきものだ。新聞記事や企業のプレスリリースのように無味乾燥に情報を伝えれば、誤解は防げるかも知れないが、そうした伝達文は大抵の場合つまらない。

情報発信において「もっともらしさ」に加えて大切なのは、いま自分は誰に向けた何のためのコンテンツを発言しているのかを意識することだろう。橋下市長の慰安婦発言は、結局彼自身にも大阪にも日本にも、大した利益をもたらさなかった。

『誤解されない話し方、炎上しない答え方』（ディスカヴァー・トゥエンティワン）という本では、「炎上しない話し方」として次のポイントが指摘されている。

（1）ネガティブな話をしない、（2）差別的な発言をしない、（3）犯罪を肯定するようなことは言わない、（4）批判は慎重に、（5）話し相手を錯覚しない、（6）他人に関わるコメントは根拠と説明を十分に、という六つのアドバイスだ。

2013年2月出版の本だが、これを読んでおけば橋下市長（6に該当）も僕（3に該当）も炎上なんてしなかったんじゃないかという気がしてくる良書だ。ちなみにこの年、レイシズム発言で世間を騒がせた猪瀬直樹都知事（当時）は2、車椅子に優しくないイタリアンレストランをツイッターで告発した乙武洋匡は4に該当する。

同書では、1968年に倉石忠雄農林大臣（当時）が「こんなばかばかしい憲法を持っている日本はメカケみたいなもの」という発言により、辞任に追い込まれたというエピソードが紹介されている。

メディアトレーニングのプロである著者はこんな言い換え案を提示する。「日本はすばらしい憲法を持っている。しかし、それはいまや時代や現状に合わない憲法になっている」。確かにこの発言は「正解」だ。あまり炎上する要素がないし、「すばらしい」と「現状に合わない」という相反した主張が含まれているため、批判もしにくい。

国家の利害を背負うような政治家は、そのような発言をして然るべきだろう。彼らに求められているのは「ぶっちゃけトーク」ではない。

特にツイッターでは人権意識などに対して感度が高い人が多数生息しているうえに、感度は高くないが勝ち馬には乗りたい迎合主義者が溢れている。ちょっとした発言が大炎上のもととなる。

しかし、過剰に誤解や炎上を恐れた発言ばかりが溢れる、萎縮した優等生だらけの社会もつまらない。たとえば無味乾燥な官公庁のツイッターは絶対に炎上はしないだろうが、本当につまらない。

ここでもやはり、誰に向けた何のための発言なのかということが重要なのだろう。中川淳一郎『ウェブはバカと暇人のもの』（光文社新書）が面白いことを書いている。ナンシー関が現在まで生きてブログをやっていたら、うまくはいかなかっただろうというのだ。確かにブログやネットで「久々の目的なき『バカ』氷川きよしは正統派アイドル」「重鎮か、ボケ老人か。スゲェぜ森繁」なんて書いたら炎上必至だ。

要するに棲み分けなのだろう。誰もがほぼ無料で見られるテレビやネットでは、「炎上しない話し方」を心がける。一方で読者が想定できるラジオや雑誌では過激なことも言ってみる。

企業も同じはずだ。「炎上」に過度に怯えるのではなく、「相手によって話し方を変える」というビジネスの基本に則れば、案外物事は簡単かもしれない。

マスメディアの代わりにはならない

ネット上での「炎上」は過大評価されやすい。「炎上」に限らず、なぜかネットの意見をやたら気にしすぎる大企業の偉い「おじさん」たちがいる。確かに僕自身もネットでよく自分の名前を検索するし、それを見て一喜一憂したりする。しかし、ネットで見える意見というのは世間全体からすれば氷山の一角のようなものだ。

たとえば「初のネット選挙」と話題になった2013年の参議院選挙で、ホリエモンや三木谷浩史、東浩紀など多くのネット上の有名人が応援した鈴木寛は当選することができなかった。浜崎あゆみやEXILEなど大物アーティストの協力を仰ぎ、ネット上で政治活動を展開した伊藤洋介も落選した。

2014年の東京都知事選も、主にネットを用いた選挙活動を行い、やはりホリエモンや田村淳などがエールを送った家入一真も、結局は9万票弱しか獲得することができなかった。これが現在の「ネット」や「ソーシャルメディア」の実力である。

企業が実は真剣に考えなくてはならないのは、ソーシャルメディアの影響力の低さだろう。ソーシャルメディアをいくら活用したところで、それがマスメディアを使った広告宣伝の代わりには、決してならない。

たとえばシャンプーのような生活必需品を売るとしたら、いきなりツイッターを使うよりテレビCMを打った方が圧倒的に効果的だろう。現在、広告が打たれるような多くの商品は、大量生産・大量消費を前提として作られている。ものづくりの工程が「マス」を前提としながら、広告メディアだけを変えてみても効果は限定的に決まっている。

ソーシャルメディアと相性がいいのは、せいぜい数千から数万の顧客を対象とする業界だ。たとえば書籍なんて、大ヒット作をのぞいて数万部を売れば「ヒット」と言われる世界。著者がツイッターで宣伝に励むのも無意味ではない。もっとも数十万部、数百万部を売ろうとするならば、本でも新聞広告や電車内広告を打つ必要がある。

「マスメディアの時代は終わり、次はネット時代だ」と言われることがある。しかしそれ自体が一つのメディアが世の中をくまなく覆い尽くす、というマスメディア時代の発想だ。実際は、両者が共存していくに過ぎない。ソーシャルメディアに過度に怯える必要はないが、必要以上に期待をしても仕方がない。

「就活カースト」からは逃れられない

スマート家電に限らず、老舗企業の迷走が連日のようにニュースを賑わせている。よほど才能か野心がある若者なら自分でベンチャーでも立ち上げればいいだろうが、結局多くの学生たちは企業に就職していく。そこで学生たちは、空気のようにこの社会を支配している「就活カースト」に気づくことになる。雇用の流動化が進まない日本において、学生たちはカースト上位の人気企業入社というプラチナチケットを目指して奔走する。

内定先で再構築されるヒエラルキー

就職活動を終えたばかりの大学生たちと話す機会があった。面白かったのは、就活の結果によって彼らの友人関係におけるヒエラルキーが再構築されてしまう、という話だ。

コースケくん（仮名）とハルくん（仮名）は、同じ研究会に所属し、いつも一緒に活動するくらい仲の良い二人だった。周りからの評価も、二人にそこまで差はなかった。しかし就活が始まった頃から、その関係は徐々に変わっていった。コースケくんは持ち前の計算高さを活かして、就活を順調に進めていく。説明会で仲間を作り、OB・OGとも仲良くなり、大手投資銀行などいくつかの内定を難なく得る。「就活中は毎日楽しかった」とまで言い切る。

一方でハルくんの就活はなかなかうまくはいかなかった。たくさんの企業を受けてはみるものの、内定まではいかない。研究会に来るときも、いつしか元気がなくなっていた。そして周りからの評価も少しずつ変わっていく。「あいつはもっと出来る奴だと思ったんだけど、就職も決まらないのか」と。

早い人で就活は大学4年生の春には終わってしまうから、大学生活最後の一年間には、就活結果が色濃く影響する。今まではテニスサークルに所属して、毎週イベントを企画するようなイケメンと付き合っていた女の子が、大手商社に内定が決まった地味な男に乗り換えるとか、そういう露骨なことも起こるという。

大学というのは、同じような偏差値の人が集まる場所だから、一度入学してしまえば、本来は一元的なヒエラルキーが発生しにくい。授業でA（優）をたくさん取る人もいるだろうし、サークル活動に精を出す人もいる。人の評価軸は多元的で、誰が一番だとかってことは、あんまり意識していなくてもいい空間だ。

しかし、就活という「社会との再接続」によって、その事態は変わる。大学時代に、学生はそれぞれの「成長」をするはずだが、そのゴールの一つが就職と設定されてしまっている以上、「就活に成功した人」というのが「成長」に成功した人と見なされてしまうのだ。

コースケくんのように、みんなが羨む「いい企業」に入れれば「彼はやっぱりすごかった」と評価される。しかしハルくんのように就職がうまくいかなかった場合、もしくはみんなが知らないような企業にしか内定が取れなかった場合は「所詮あいつは、その程度だったんだ」と思われてしまうのだ。

「三菱商事に決まった彼はすごい」「さすがマッキンゼーに入る人は違うね」とか、「あの人、聞いたこともない企業で働くんだって」「ブラック企業っぽいけど大丈夫かな」とか。

ただここで言う「いい企業」というのは、所詮大学生の考える「いい企業」だ。彼らは就活を通して様々な企業に接触はしただろうが、どこまで「いい企業」のことを知っているかといえば怪しい。

「就職人気企業ランキング」という流行

毎年発表される「大学生の就職人気企業ランキング」というものがある。大学生たちに就職希望先企業を聞き、それをランキング化したものだ。リクルートや「週刊東洋経済」、「週刊ダイヤモンド」など複数の企業、雑誌が実施してきた（リクルートは2011年を最後に発表を取りやめた）。

この人気企業ランキングを見てみると、大学生たちの「企業を見る目のなさ」「日本社会の変遷」「社会のムード」がわかって面白い。

リクルートは1965年から、その年に卒業する大学生男子の就職人気企業ランキングの発表を始めた。当時は男子に限っても4年制大学進学率が20・7％。高校進学率さえ7割程度で、農村部の中学校を卒業して、都市部へ集団就職する若者たちも珍しくなかった時代だ。

大卒というのは、それだけで今よりもずっとエリートだった。そんなエリートたちは、どんな企業を志望したのか。文系では東洋レーヨン（東レ）、大正海上火災保険（三井住友海上火災保険）、丸紅飯田（丸紅）、理系では日立製作所、日本電気（ＮＥＣ）、松下電器産業（パナソニック）といった企業が上位に並ぶ。

合併や名称変更こそあるが、当時の人気企業はあれから50年経った今でも、ほとんどが現役だ。

ただし文系男子1位の東洋レーヨンには時代を感じる。高度成長期の日本において合成繊維は花形産業。初任給もトップレベルだった。１９６４年前半にはロンドン証券取引所に株式上場も果たしている。きっと「これからは合成繊維の時代だ」と浮かれた学生たちに、東洋レーヨンは憧れの企業だったのだろう。

しかし、１９６４年後半からプチ不況が起こり、合成繊維の過剰在庫が社会問題にまでなった。そして早速、１９６６年の文系ランキングから、東洋レーヨンは姿を消している。現金なものだ。

代わって１９６６年以降、学生たちの人気を集めたのは新聞社、広告代理店、航空会社だ。１９６６年文系5位には朝日新聞社、6位には電通、16位には日本航空、18位には毎日新聞社が登場する。

妻夫木聡主演で映画化もされた『マイ・バック・ページ』（平凡社）の著者である川

本三郎は1969年に朝日新聞社に入社している。

　川本によれば、1960年から始まったベトナム戦争での日本のジャーナリストの活躍がその理由だったという。ベトナムの戦場で雨に打たれる黒人兵の姿を捉えた日本人の若いカメラマンがピューリッツァー賞を受賞した（と川本は書くが、当時30歳だった沢田教一が賞を獲得したのは、ベトナム人母子が首まで河につかりながら避難する写真）。そんな仕事をしたい、と思ったらしい。

　しかし川本は新聞社の入社試験に落ちてしまい就職浪人。当時は就職浪人が珍しかったらしく、二度目の採用試験で「去年も見た顔だ」ということで採用が決まった。お気楽な就活事情が窺える。

　1969年のランキング上位には、長崎屋、西友などスーパーマーケットの姿も目立つ。これも当時の流行だ。

　問屋などの中間業者を排して、大型量販店を進出させるという手法は流通革命と呼ばれ、各地の商店街や小売店に打撃を与えていた。しかも彼らは、ただ食料品を売るのではなくて、衣料品や家電なども扱う「総合スーパー」という形態を採用した。「総合スーパー」は、既存の流通業界に殴り込みをかける異端児であり、ヒーローだったのだ。

各スーパーの店舗数、資本金、従業員数は右肩上がりだった。特に衣料品ストアとして人気を博した長崎屋は、1964年から1970年にかけて店舗数は2倍強、売上げや資本金も3倍強という急成長を記録している。

1971年の人気企業はいま

団塊の世代サラリーマン代表・島耕作は、1970年に初芝電器産業に入社する。島は「俺達が入社したのは一番景気のよかった昭和45年だぜ」「大卒800人採用した年だ」と当時を振り返っているが、オイルショックが起こる前、1970年前後というのは、大卒の就職というのは確かに超売り手市場だった。

リクルートが1971年に行った「大企業に対する学生の考え方」調査によると、「大企業の歯車として働きたくない」という組織忌避型が目立ち、「不本意ながら」大企業に就職する若者たちが増えていたらしい。もっとも同調査によれば、56・5%の学生たちは依然「大企業に入りたい」と答えている。

1971年卒の大学生の人気企業ランキングにも当然、当時の大企業が並ぶ。特に文系ランキングは学生たちの浮かれ具合がわかる素敵な結果になっている。

まず1位は日本航空。

「空の旅」が大衆化し、航空業界は、旅客機やパイロットの数が需要に追いつかないほどの好景気に沸いていた。よど号ハイジャック事件などもあったが、航空機需要が落ちることはなかった。日本航空はジャルパックとして海外パックツアーを次々に提案、さらにボーイング747も就航させた。同社は当時の若者たちの夢や憧れが詰め込まれた企業だったのだ。

まさかその日本航空が2010年に会社更生法の適用を申請することになるとは、誰も思っていなかっただろう。だけど当時新卒で入社した若者たちは2010年頃がちょうど定年退職の時期。企業年金は削減されるだろうが、彼らの選択はそこまで間違っていなかったことになる。

一方、同じくランキング上位にいた、ダイエー、長崎屋、西友などの企業は、日本航空ほど長くはもたなかった。70年代に人気だったこれらの企業は、バブル崩壊以降、どこも業績悪化を食い止められなかったのだ。

ダイエーは一時期、ハワイのアラモアナショッピングセンター、ローソンの株式、プランタン銀座などを保有していたが、後に株式などすべてを売却、2004年には産業再生機構に支援を要請した。

長崎屋も本社ビルなどを売却し、2000年には会社更生法の適用を申請、現在はドン・キホーテの傘下に入る。本社もドン・キホーテ中目黒本店の中に構えるという、あからさまな子会社だ。西友は、産業再生機構の支援こそ受けていないが、大規模なリストラを繰り返し、現在はアメリカのウォルマート傘下に入っている。

こうした変化は、日本がバブル崩壊をきっかけに、大きな産業構造の転換を経験したことを象徴している。価格破壊を特徴とした総合スーパーだが、1990年代以降は消費者の多様なニーズに応えられなくなっていた。さらに、巨大ショッピングモールの登場により、総合スーパーの優位性は失われてしまう。大量生産・大量消費の時代に躍進した業態は、その終焉と共に終わりを迎えた。

「ムード」で就職先を決めているだけ

結局、1971年文系男子のトップ20企業のうち、今でも業績が順調なのは約半数しかない。まあ、未来のことを20歳そこそこの大学生が予見できるわけがない。結局は、人気企業ランキングなんてその程度のものなのだ。

たとえばリクルートの総合人気ランキングでは２００４年になっても日本航空は２位。２０１０年末に「週刊ダイヤモンド」が実施した調査では文系27位、理系10位にあの東京電力が入っている。１９９６年夏には、その２年後に経営破綻する日本長期信用銀行がランクインしていたり、学生の企業を見る目はあまり当てにならない。

リクルートがマッチポンプを承知で実施した調査によると、以下のことが判明している。まず、人気企業ランキングトップ10の企業は10年以内に7割が入れ替わる。そして、トップ10企業の10年後の株価は、平均株価を大きく下回る株価伸び率になる。

さらに、ランクインするのはＢｔｏＣ企業（主に一般消費者を相手にする企業）ばかりで、大手商社以外のＢｔｏＢ企業（主に企業を相手にする企業）はランクインしない。加えて、広告投下量トップ１００以内に入る企業しかランクインしない（『Ｗｏｒｋｓ』52号、ワークス研究所）。

要するに、学生たちは業績や将来性で企業選びをしているのではなくて、その時点での話題性に踊らされているだけだというのだ。しかも身近に商品や広告がある企業に就職を希望し、それ以外のＢｔｏＣ企業にはなかなか目を向けない。

ということは、就職人気企業ランキングから見えてくるのは、時代のムードや企業のブランド戦略がいかに成功したのか「だけ」ということになる。

今まで見てきたように1960年代には流通革命、1970年代には航空業界の大躍進があった。確かに人気企業ランキングからは当時の世相が見えてくる。

1970年代後半の文系男子ランキングには三井物産、三菱商事、理系男子ランキングには日立製作所、東京芝浦電気(東芝)などが並ぶ。当時、商社や証券会社は海外部門で好調な成績を上げていた。一方、エアコンや電子レンジなど耐久消費財が普及途上にあって、家電メーカーはいずれも高収益を上げていた。

商社、銀行、家電メーカーが強いのは1980年代になっても変わらないが、1985年には文系男子ランキングでサントリーが1位に躍り出た。ビール、ウィスキー、ワイン部門が好調だったサントリーは、1984年に売上高が初めて1兆円を超えていた。ペプコム社を買収したり、ハーゲンダッツを販売したり、華やかなニュースも多かった。松田聖子とタイアップしたペンギンアニメCMの人気も高かった。

1990年代には文系でもソニーの躍進が目立つ。1989年にはコロンビア映画を買収、1992年にはMDを発売開始、1994年には子会社がプレイステーションを発売したソニーは、先行きの不透明な1990年代において、何だかかっこいい企業に見えたのだろう。さらにソニーは1991年から「大学名を聞かない採用試験」を始めた。この「実力主義」のイメージも、学生たちの人気を集めるのに一役買ったようだ。

そして2000年代。前半は「IT革命の担い手」と勝手に思われていたソニーやNTTドコモがランク上位に目立つ。一方、再編のただ中にあった金融業界は、前半こそ低調だったが後半には人気を取り戻してくる。三井住友銀行、三菱東京UFJ銀行といったメガバンクがランク上位に食い込んでいる。

「人気企業」はやっぱりかっこいい

大学生たちが、昔から業績や将来性ではなくて、その時のムードで企業選びをしてきたことがわかった。ここまではちょっと大学生をバカにしながら書いてきた。だけどふと思う。僕たちは、大学生の人気企業ランキングを本当に笑うことができるのだろうか。

確かに社会に出て働けば、自分が関わる業界については詳しくなるだろう。大手企業の系列や関連会社、中小企業と付き合う中で、「世に知られてはいないが、いい企業」の存在に気付くこともあるだろう。

しかし、自分が働いていない業界のことはどうか。BtoBの企業をどこまで知っているか。友人や子どもに相談されて、人気企業ではない「いい企業」をどこまで勧めることができるか。

結局、僕たちが「いい企業」を選ぶ判断基準というのは、大学生人気企業ランキングと大きく変わらないのだと思う。CMでよく見る企業、何となくブランドイメージのいい企業が、結局は「いい企業」と思われてしまう。

友人や子どもが三菱商事やメガバンクに入社すると聞けば、「よかったね」という話になるだろう。いくら待遇がよく、将来性があるといっても、聞いたことがない中小企業の名前を出されたら、やっぱり心配してしまうのではないか。

つまり、冒頭で紹介した学生たちの就職カーストの話は、必ずしも学生だけの話ではないということになる。結局、多くの日本人は、「人気企業ランキングが作り出すカースト」に組み込まれているのだ。サッカー選手、漫画家、小説家、社会学者、ノマドワーカーなど、カーストに組み込まれない職業もあるにはあるが、その枠に入れる人はほんの一部である（ただし「社会学者」に資格は要らないので誰でもなれる）。

結局、電通に勤める人は、その辺の中小企業の社員よりもかっこいい。野村総合研究所に勤める人はエリートに見えてしまう。

しかも人気企業ランキングは必ずしも、企業の実情とかけ離れているわけでもない。紹介したように、かつての人気企業が倒産したり、経営不振に陥っているという事例はいくつもある。

しかし、全ての企業がつぶれているわけではない。多くの商社や銀行、メーカーは浮き沈みを繰り返しながらも、グローバル経済の中で日々戦ってきた。特に総合商社は、グローバル化にいち早く対応し、巨大コングロマリット企業へと変貌している。

一方で、大企業に比べると中小企業のほうが圧倒的に倒産率が高い。また若年層の離職率も中小企業のほうが高い。２０１０年３月の新規大卒者のうち、３年以内に離職した若者の割合は、従業員１０００人以上の企業では21・７％だったのに対し、５人未満の企業では61・１％にも及ぶ。

「人気企業ランキング」が毎年ニュースになり、就活というただの大学生の企業選びが、これほどまでに注目を浴びるという事実自体が、日本人がいかに「人気企業カースト」に組み込まれているかを象徴している。

雇用の流動化が叫ばれ、終身雇用が過去のものになったと喧伝されながらも、「人気企業」に入れるほとんど唯一のチャンスは、新卒採用の時だけだ。相当イレギュラーな成果を上げたりしないと、途中から「人気企業」には入れない。

転職時や独立する時も「人気企業」に勤めていたほうが有利だ。「伊藤忠から独立しました」「博報堂に勤めていました」と聞けば、何だかすごそうな人の気がしてくる。

それこそが、これほど大学生の就活が騒がれ、人気企業ランキングが重要視される理由だ。結局、人気企業ランキング程度の知識しかない多くの大人たち。そして、ほとんど一度しか存在しない「人気企業」に入れるチャンス。就活が過熱しないわけがない。

「就活うつ」や「就活自殺」が話題になるなど、現代の就活は批判に晒されることが多い。しかし、就活を批判することは実はすごく難しい。なぜならば、それは「この社会で働くこと」と相似の関係になっているからだ。

就活というのは、自分を売り込むという最も簡単な営業の一つだ。自分さえも売り込めない人が、社会人になった時、誰かが作ったモノを売り込めるかは怪しい。何かを「売り込む」というのは、もはや文系や理系を問わず必要とされるスキルである。

就活を楽しめる人は、たぶん入社後も働くことを楽しめる。そして就活が大変だった人は、たぶん働いてからも大変だ。日本で生きる限り、就活カーストの呪縛から逃れるのは、難しい。

「新社会人」の悪口を言うな

就活を勝ち抜いた若者たちは、「入社式」を経て「社会人」という存在になる。たった数回の面接で一生が決まってしまう採用試験は、学生側から見ても企業側から見てもギャンブルだ。その偶然に左右される就活を覆い隠し、さも合格者たちがその企業に入ることは必然だったかのように錯覚させる儀式が「入社式」なのである。そうやってむりやり生み出された「社会人」が、すぐに「使える」はずがない。毎年のように「今年の新入社員は使えない」というおじさんたちの愚痴が聞こえてくるが、それはある意味で当たり前なのだ。

「入社式」というイニシエーション・セレモニー

――新社会人の皆さん、おめでとうございます。これから社会という荒海にこぎ出す皆さんに、今日は伝えておきたいことが二つあります。一つは、社会において信頼がいかに大切か、ということ。そして、内向きになるな、グローバルに活躍して欲しいというこ とです。先輩社員の目を気にすることなく、皆さんにはフレッシュな感性を思う存分活かして欲しいと思います。がはは……——

みたいな社長挨拶といった、つまらない新入社員向けのメッセージを毎年耳にする。若者は就活に勝ち抜くと、「入社式」を経て、「社会人」となる。4月1日のニュースで報じられる入社式の風景は、もはや春の風物詩である。

しかし、このように桜の季節に大規模な入社式が行われ、それがメディアで大々的に伝えられるようになったのはせいぜい1970年前後のことである。

大規模な入社式というのは、新卒一括採用というシステムなしには成立し得ない。自営業者が多くて、大企業もそこまでなかった時代の日本では入社式がニュースになることは滅多になかった。

大規模な入社式を催すというのは日本独自の慣習だ。新卒一括採用のない海外では、会社の入社時期はみんなバラバラである。だから入社式もないし、それは春の風物詩でもない。つまり、春になるたびに毎年「新入社員諸君」と、一斉に大人たちが偉そうになれるのは、ほぼ日本独自の風習といっていいだろう。

入社式は英語に翻訳しにくい言葉だ。無理やり訳すと「initiation ceremony（イニシエーション・セレモニー）」になる。イニシエーション、つまり特定のクラブや集団に加入するための儀式ということだ。カトリックの洗礼や、フリーメイソンへの入会儀式も一種のイニシエーション・セレモニーである。

つまり、フリーメイソンよろしく、会社という一つの特殊なコミュニティに参入してくる新参者たちに、先輩たちがその集団のルールを説くのが入社式という場である。そう言われてみると、入社式とは確かに宗教っぽい儀式だ。

しかし入社式でその会社独自のルールが説かれることは少ない。むしろ、「採用基準」と同様に、どこの会社も似たり寄ったりなことばかりを言う。信頼、社会的使命、独創性、グローバルマインド、チャレンジ精神など、いくつかの言葉を組み合わせれば誰でも新入社員向けメッセージが作れてしまう。

革新性のない社長挨拶

その新入社員向けのメッセージというのは、この数十年間あまり進化を見せていない。

今から約40年前、１９７１年４月１日の『読売新聞』は当時の入社式を次のように報じている。日産社長は訓示で「組織に飼い慣らされずに、逆に活力を吹き込む人間を期待する」と若者に呼びかけた。東芝社長は「消極的な気持ちではいけない。自分の創造力を生かす心づもりではいってほしい」。トヨタ社長は「国際的感覚を身につけ広い視野にたって仕事をしてほしい」。

翌年の『読売新聞』も新入社員向け社長訓示を採録しているが、どこの企業も似たり寄ったりな内容だった。当時「日本一のマンモス企業」だった新日本製鉄社長は「幸福も繁栄も、他人から与えられるものではない」。帝人社長は「まず自分に勝つこと。それには独創的な見識を持つことが望ましい」。三菱金属鉱業は「社会、会社を動かすのは若いエネルギーだと信じている」。

時代は飛んで2012年、新日本製鉄社長の新入社員向けメッセージを読んでみると「自らを鍛え、磨くという気持ち」「グローバルな情報への感度」が必要だとしながら、「皆さんの持つ若い力と瑞々しい感性を、思う存分発揮してもらう」なんてことが書いてあった。

どうやら社長訓示というのは、基本的に会社名と年次を入れ替えても成立するようなものばかりらしい。

別にここで大企業の新入社員向けメッセージの空虚さを批判したいわけではない。というか、それは空虚で大いに結構なのである。なぜならば入社式というのは儀式であって、形式にこそ意味があるからだ。社長が新入社員に向けてメッセージを発するという儀礼自体が重要なのであって、内容はどうでもいいといえばどうでもいい。

面白いのは、空虚な訓示を発する入社式なるものを、未だに多くの企業が同じ4月1日に実施し続けているという点である。新入社員に向けては散々、チャレンジ精神の発揮を呼びかけているにもかかわらず、独創性の欠片《かけら》もない。

「社会人」は日本にしかいない

入社式を迎えた人々は普通「新社会人」と呼ばれる。しかし「社会人」という言葉は、「入社式」同様に不思議な概念である。

人は、入社式を迎えると急に「社会人」になる。ということは、子どもや学生は「社会」に生きていないということなのだろうか。もしくは入社式を経験しないフリーターや日雇い労働者たちは「社会人」ではない、ということなのだろうか。

「入社式」同様、「社会人」を英語に翻訳するのは難しい。「成人」や「大人」なら

「adult（アダルト）」でいいが、微妙にニュアンスが違う。あえて訳すなら「full member of society（社会の正規メンバー）」となる。

「社会人」も「入社式」同様、日本に独特な概念である。しかもこの二つが結びついてしまったところに日本の特殊性がある。

入社式という儀式を経て会社員になることが、「社会人」であることと同義になる。翻って、入社式が準備されないようなフリーターたちは「社会人」ではないと見なされ、社会保障など待遇の面でも「社会人」とは差を付けられる。

まさに入社式という儀式が、「社会」に入れるか入れないかの通過儀礼としての機能を果たしてしまっているのである。

ではその「社会人」というのは、どれほど素晴らしい人々なのだろうか。

就活生たちにとって、有名企業で働く人々は神様のように見えるという。何百倍という倍率を勝ち抜いて、誰もが憧れる企業で「社会人」になれた人たちだ。さぞ仕事もできて、かつプライベートも充実している、きっと完璧な人間なのだろう、というわけだ。

確かに企業の採用ページに載っている先輩社員紹介などを見てみると、「社会人」というのはさぞ立派な人なのだろうなという気がしてくる。

僕の友人が働いていた大手広告代理店の先輩紹介ページでは、「毎日ワクワクした仕事の連続」「カフェでよくアイディアが思い浮かぶ」「夢は人々がハッピーになること」といった言葉が並び、本当にそこが素敵な仕事場に思えてくる。

連日のように27時過ぎまでメイクの落ちきった顔で働き、肉体も精神もボロボロ、唯一の癒しは韓流アイドルの曲を聴くことという友人にもこのサイトを見せてあげたい。

やはり僕の友達が働く出版社の「先輩」たちも、ものすごく楽しそうだ。「プレッシャーこそありますが、めっちゃ醍醐味に満ちた仕事」「悪戦苦闘しているうちに会心のアイディアが見つかったりしたときにはもう、快哉を叫びたくなります」と、毎日の仕事が興奮の連続だろうということがわかる。

週刊誌に配属されて、「事件とかもう見たくない」「先輩に風俗に誘われるような文化がもうイヤだ」「バレンタインの夜に会社へ呼び戻されて今度こそ限界」とか言っている友人にもこのサイトを見せてあげたい。

「仕事ができる」「できない」の基準

企業の採用ページに掲載されるような「社会人」も確かにいるだろう。

しかし、そのような「社会人」は本当に一部に過ぎない。昨日まで学生だった人々が、入社式で社長のつまらない話を聞いたからといって、急に立派な「社会人」になれるわけではない。多くの「社会人」は別に大した人々ではない。

たとえば僕はこの数年ほどで、様々な媒体から取材を受ける機会が増えたのだが、今でも高い就職倍率を誇る人気企業であるはずの新聞社や出版社で働く人たちの仕事ぶりに驚かされることが少なくない。

数式があるから横書きにと指定していた原稿を、無理やり縦書きにしたはいいものの、縦書きと横書きが混じったままになっていて、途中でページを90度回転しないと読めないようなレイアウトのゲラを送ってくる編集者。

ぜひ話を聞きたいというので取材を受けたら、特に記事の方向性は決まってないといい、1時間以上軸の定まらないインタビューを受けたにもかかわらず、その後何の連絡もくれない新聞記者。

こんな愚痴ならいくらでも書くことができる。ついこの間も、僕が話したことをまとめたというゲラが送られてきたのだけど、6ページにわたる文章のほぼすべての文末が「思います」だった。

こんな適当な仕事ぶりであっても有名企業で「社会人」として働くことができるのだ。換言すれば、この程度の「社会人」ばかりでも多くの会社は成り立っているし、むしろこんな「社会人」たちの手で社会は回っているのである。

ただ、僕がいま愚痴を書いた「社会人」たちは、仕事が全くできないというわけではないのだろう。なぜならば「仕事」というのは多岐に亘る細かい業務の総称だからだ。

ある編集者は著者の意見を汲んでゲラを作ることは苦手かも知れないが、酒の席での接待は得意で、調子よく大物著者の原稿を取ってくることには長《た》けているのかも知れない。ある記者は、一期一会のインタビュー相手には適当な態度をとるが、会社内の上司とは良好な関係を築いており、出世の有力株なのかも知れない。

つまり「仕事ができる」「仕事ができない」というのは、何かの指標に基づいての評価でしかあり得ないということだ。多くの指標において高いパフォーマンスを出す「社会人」もいるだろうが（もちろん逆もいる）、基本的に人は自分が見えている範囲の、自分が知っているものさしで、誰かのことを「仕事ができる」「できない」と判断しているに過ぎない。

いつの世も新入社員は「使えない」

毎年のように大人たちの「今年の新入社員は使えない」という嘆きが聞こえてくる。たとえば1969年に東京で行われたある新入社員向け研修で、担当講師は次のように語っていた。「最近の若い人たちは一から十まで教えないとついてきてくれない。これも教育ママに育てられてきたせいでしょうか」(『読売新聞』1969年4月2日朝刊)。

1981年に発刊された池田信一『新入社員』という本では、「いまどきの新入社員は扱いにくい」「まるで手応えがない」「命令された仕事だけは素直にやる」といった当時の大人たちの愚痴が紹介されている。入社式での社長訓示と同様、数十年間変わらずに「今年の新入社員は使えない」という言説が垂れ流されてきたようである。

新入社員が使えないのは当たり前である。仕事ができないのも当然である。なぜならば、「仕事ができる」というのは多くの場合、その人が所属するコミュニティや業界のルールをいかに多く取得できたかということに依存しているためだ。同じ「コミュニケーション能力」といっても、広告代理店がテレビ局相手に行う営業と、編集者が漫画家と行うネタ出しミーティングでは、まるで違う「能力」が必要とされる。

コピーの取り方、電話応対の仕方、書類のまとめ方でも、会社ごと、下手したら部署ごとにルールは違うかも知れない。スピードや勢い重視なのか、それとも丁寧さが要求されるのか、それとも経費削減が至上命令なのかによって、「正解」は変わってくるだろう。

さらに雇用の流動性が低いとされる日本の大企業では、日々の業務の中にはマニュアル化できないような暗黙知が多く存在している。その企業独自のルール（とさえもいえない細かな決めごと）は、個別具体的な仕事を通じて学んでいくしかない。そのルールをより多く身につけた人が「仕事ができる」と評価されているにすぎない。

昨日までは「社会人」ではなかった若者たちだ。「入社式」を迎えたからといって、いきなり「使える」人材になるわけがない。そして「使える」「使えない」というのは、本来はエントリーシートや採用面接で見極められるようなものではない。

面接や試験で、企業側は学生たちをいくつかの基準で選抜しようとする。しかし、実際の「仕事」は、それよりも遥かに多くの指標で測られるような「能力」や暗黙知がコンビネーションで要求されるものばかりである。

数回の面接で下手したら一生が決まってしまう採用試験は学生側から見てギャンブルだが、それは企業側から見てもギャンブルなのである。その多分に偶然によって左右される就活という時期を覆い隠し、さも合格者たちがその企業に入ることは必然だったかのように錯覚させるところに「入社式」というイベントの価値はある。

「入社式」という通過儀礼を経た人々は、良くも悪くも自分たちの仲間である。だからこそ、自分たちの独自ルールで「今年の新入社員は使えない」と判断してしまうのだろう。わからなくもない。

しかし、そこでいう「使える」「使えない」という判断は、その企業内でしか通用しないものかも知れない。だから「今年の新入社員は使えない」という嘆きは、たまたまその企業がその若者を「使えない」だけで、彼は別の場所では「使える」人材だという可能性もある。

「若者に活躍して欲しい」と言うけれど

大学のシンポジウムで、ある大企業のトップとのトークセッションに参加したことがある。その人はしきりに「若者に頑張って欲しい」「我が社でも若手社員を大事にしている」と言っていた。大変結構なことだと思って、「じゃあ意思決定機関に若者は入っているんですね」と聞いたら全くそんなことはなかった。

大企業の経営陣に若者がいない。意思決定機関にいるのは決まって「おじさん」か「おじいさん」。そんなことは当然と思うかも知れない。しかしなぜ、若者が意思決定機関にいたらいけないのだろうか。

若者が未熟だから？　確かにそれは一理ある。終身雇用を前提とする企業ならば、その企業の内部事情は在籍年数が長い人のほうが詳しいに決まっている。

しかし市場という、一つ大きいフィールドで考えてみたらどうだろうか。若者だからといって経営判断ができないとか、ビジネスを成功させられないということは、全くない。たとえばフェイスブックのマーク・ザッカーバーグ。楽天の三木谷浩史。彼らが「成功」したのは一体何歳の時だっただろうか。

もちろん、誰もがザッカーバーグになれるわけではない。多くの若者は、人脈も経験値も年長者に比べて劣る面が多いことは事実だ。しかしだからといって、年長者だけを登用していればいいということにはならない。

これは企業の「持続可能性」をどう考えるのかという問題と関わってくる。

もしも企業が早晩つぶれることを前提にしているなら、若手なんて抜擢どころか採用さえもしなくていい。高齢者同士で高齢者向けのビジネスをしていればいい。

だけど、企業体に数十年後まで生き残って欲しいならば、原理的には若者をどんどん登用して、彼らをエンパワーメントしていくしか道はない。なぜならば、高齢社員はどんどんリタイアし、若手社員が企業の中枢を担うようになる時が必ず来るからだ。

若手社員を育てなくても、「即戦力」の中途採用で一定期間はしのげるかも知れない。だけど彼らは「即戦力」だけあって、その企業が魅力的でなくなったら、すぐに他の企業の「即戦力」として転職していくだろう。

もしも企業の存続を考えるならば、できるだけ優秀な若者を集めて、彼らを自社に合った存在に教育し、生産性を高める必要がある。そして、彼らができるだけ長く自社にいてくれるような制度までを考えなくてはならない。それができなくなった企業は、早晩つぶれていく。

今書いたようなことは企業の人事に関わっている人なら百も承知かも知れない。

バブル崩壊後、新入社員の採用を控えた影響で、意思決定の裁量を与えられず、後輩育成のチャンスもなかった「未熟な」30代の社員たちが生まれてきているからだ。しかし、そうした「失敗経験」があるにもかかわらず、今でも業績の悪化を新規採用の抑制でカバーしようとする企業が後を絶たない。確かに短期的にはそれで何とかなる。しかし、そんな戦略は長続きしないだろう。

若いというだけで人を優秀だと判断するのは間違いだ。しかし、同じ理由で、年齢を重ねているというだけで人を判断するのも危険だろう。ビジネス経験豊富な人材が集まる老舗企業であっても、業績悪化や彼ら自身の不祥事は起こる。ビジネスのセンスにおいて、若者か年長者かというのは、数ある指標の中の一つに過ぎない。

だから本当に優秀な人材がいるならば、若者であろうと誰であろうと、地位ある立場に抜擢するべきだと思うのだが、そこまでの勇気がある企業はなかなかない。

仕事を任せる勇気がなければ

では、若手社員をどうやってエンパワーメントしていけばいいのだろうか。一つは、彼らにどんどん仕事を任せてしまうことだと思う。

「責任は俺が取るから好きにやってみろ」と言って、権限と予算を委譲してしまう。いきなり大規模プロジェクトを任せる勇気がないなら、とりあえず小さな仕事でもいいから若手中心でやらせてみたらいい。

人は責任を与えられると、本気になる。自分が信頼されていると思うと、その信頼をきちんと返そうとする。もし「若手社員に責任感がない」と困っている人がいたら、よくよく観察して欲しい。その若手に果たして裁量が与えられているかどうかを。

様々な統計によれば、この10年間、若者の「まじめ化」が進行してきたことがわかっている。デートの約束よりも仕事を優先する。フリーターではなくて正社員になりたい。飲みニケーションを嫌がらない。そんな若者が増えている。

だったら後は簡単だ。若者側は企業の一員になることを求めている。ならば、企業に古くからいる社員側が、彼らの受け入れ体制を作ってあげればいい。

世代的な特徴を書いておくと、今の20代は「豊かな時代」の落とし子たちだ。両親の多くは持ち家があり、そこそこのストックもある。おじさんからはハングリー精神がないように見えるかも知れない。

一方で社会に対する関心は高い。仕事を通じて社会貢献をしたいと考える若者は多い。「お金儲け」を追求するビジネスの世界と一見相性が悪いように見えるかも知れない。だけど、そこは説明の仕方だと思う。自分たちの仕事がいかに社会に役立っているかを説明する。ビジネスは誰かを搾取するものではなくて、世の中を幸せにする一つのプロセスだということをきちんと伝えてあげればいい。

同時に、若者の声を聞きながら、自分たちの企業が本当に時代に適合的かを見直すのもいいかも知れない。組織の欠点はそこに長期間いる人ほど気付きにくいからだ。若手社員の素朴な声には、ビジネスのヒントがたくさん隠れているかも知れない。このように、若者には「使い道」がたくさんある。

「新社会人」の悪口を言うくらいなら、彼らの活用方法をきちんと考えてあげてほしい。しかもそれは、若者のためというよりも、企業のために必要なことなのだから。

「ノマド」とはただの脱サラである

せっかく会社に入ってはみたものの、使えない上司と面倒くさいクライアントの中で働くのも限界。そんな人に魅力的に映ったのが「ノマド」という働き方だ。日本では定期的にこうした「新しい働き方」ブームが起こる。しかし「ノマド」なんて実はちっとも新しくない。歴史を振り返ってみれば、いつだって「ノマド的なもの」を褒め称えるメッセージは現れては消えていった。むしろ「ノマド」は日本で働く会社員の見果てぬ夢であるといっていい。

安藤美冬というニューモデル

少し前「ノマド」という言葉が流行っていた。英語で「遊牧民」という意味だ。遊牧民のように、何にも囚われずに自由に働く人たちのことらしい。

ネット上では、２００９年に佐々木俊尚が『仕事するのにオフィスはいらない――ノマドワーキングのすすめ』（光文社新書）という本を出したあたりから、「ノマド」は一定の知名度を獲得していた。しかし、ここまで「ノマド」なる言葉が注目を浴びるようになったのは、２０１２年４月に安藤美冬という人物が『情熱大陸』（ＴＢＳ系）に出演してからだろう。

安藤美冬、32歳（当時）。職業はフリーランス。時にはノマドワーカーを名乗る。番組は、安藤が都会の雑踏をＷｉ－Ｆｉを探し求めて流浪するシーンから始まる。人波に流されながら、彼女はようやくＷｉ－Ｆｉ完備のカフェを見つける。

大学卒業後、集英社に勤めていた彼女は、うつ病を患い会社を休職。その後独立してフリーランスを名乗るようになった。「自分の人生は自分で作る」といったテーマの講演をこなしながら、「自分ブランドを作る」ことを目的とした「自分をつくる学校」なるものを運営する。

「どこまで自由に生きられるかという、人生をかけた一大実験ですから」。Ｗｉ－Ｆｉ環境には制約されるが、会社からは自由。それがノマドワーカー安藤美冬の生き方だ。

それって、ただの脱サラとどこが違うの、と思うかも知れない。大企業を辞めて、独立して働く。そう、昔の言葉でいえば紛れもない脱サラだ。

1970年代に起こった脱サラブームとノマドを比べてみよう。ツイッターなどのソーシャルメディアを活用する、複数の仕事を掛け持ちする、大きなオフィスを持たないなど、かつての脱サラとの相違点はある。

インターネットもない時代、サラリーマンを辞めたところで独力で始められる仕事は限られていた。当時の新聞によると屋台や怪しげなフランチャイズチェーンへの加盟が関の山だったようだ。

安藤のような講演業はあり得ただろうが、インターネットも携帯電話もないなら最低限、オフィスを構えて秘書を雇う、といったことは必要だっただろう。

しかし共通点も多い。それはノマドも脱サラも共に、企業社会に対する違和感を表明し、会社に雇われない働き方の価値を高らかに謳い上げるという点だ。

脱サラを決意した若者たちは、当時の新聞のインタビューに答えて、以下のようなことを口にしていた。「企業社会の歯車として働きたくない」「やりがいのある仕事をしたい」「与えられた仕事を指示通りこなすだけでは満足できなかった」(『読売新聞』1976年11月18日朝刊)。

それから三十数年後を生きる安藤美冬も同じようなことを言う。彼女のブログには

「自分らしい生き方」「会社に頼らない働き方」といった言葉が頻出する。

「会社に雇われたくない」は見果てぬ夢である

会社に雇われず、やりがいのある自由な仕事をしたい。それは何もノマドという言葉と共に流行した概念ではない。むしろ、「自由」とは、戦後日本社会における僕たちの見果てぬ夢と言ってもいい。

社会学者の高原基彰によれば、戦後日本は〈会社による「安定」〉か、〈会社からの「自由」〉かという二つの極端な理想像の間を激しくぶれながら行き来してきたという。

戦後、この国では終身雇用、年功序列、企業別組合という三種の神器を兼ね備えた「日本型経営」と呼ばれる仕組みが普及した。それは一度、企業に入ってしまえば、定年までの「安定」を保証する仕組みだ。

しかし、「安定」を得るためには、差し出すべき代償がある。「自由」だ。

長時間労働、転勤、飲みニケーションや接待ゴルフ。「安定」を保証してもらえるような大企業では、一度企業に入ってしまえば、会社の命令は絶対。日本は解雇規制が厳しく、社員を辞めさせることが難しい代わりに、多少の労働基準法違反には目をつぶってきた国だ。

日本人に「安定」を提供したこの仕組みは、成立と共に多くの批判に晒されることになる。たとえば1971年5月27日の『読売新聞』（朝刊）では「職場砂ばく」と題して、早くも問題とされていた長時間労働を次のように批判する。

「人を気ちがいのように働かせたうえに、そのことに感激までするように人間をつくり変えようというバカなムードが世の中に広まっていて、これじゃあ世の中ロクなことにならねえぞ」

こういった「安定」に対する批判は、「自由」への礼賛へとつながっていった。脱サラという用語が流行した1970年代には、第一次ベンチャーブームと中小企業への再評価も起こっている。

それまで中小企業といえば、大企業に従属する「弱者」であり、政策的に保護し、救済すべきものだと考えられていた。しかし中小企業の機動力は時代適合的であり、特にハイテクベンチャーの起こすイノベーションにより日本経済は活力を取り戻すというのが、ベンチャーブームを煽っていた学者たちの主張だ。

こういった「安定」の外側に広がる可能性に期待する議論というのは、この数十年間ほとんど進歩がないことがわかると思う。「経済成長が必要だ」「イノベーションですべて解決」というのは、低成長期の社会で決まって流行するフレーズの一つだ。

オイルショックによってこの第一次ベンチャーブームは減速してしまったが、「新しい働き方」を求める動きは連綿と続く。1985年には労働者派遣法が制定され、政策としても「新しい働き方」をバックアップするようになった。

「フリーター」がかっこよかった時代

1987年にはリクルートの道下裕史によって「フリーター」という言葉を広める一大キャンペーンが開始された。当時すでに人口に膾炙していた「プータロー」や「アルバイター」ではなく、「自由人」というイメージを明確にできるようなポジティヴな言葉を作りたかったのだという。

そこでいう「フリーター」というのは、今でいう「ノマド」に限りなく近い。会社に縛られず自分らしく生きる、自分の夢を持ち続ける、社会を遊泳する究極の仕事人、なんて言葉が当時のリクルートの出版物には並んでいる。

何を考えたか彼らは『フリーター』という題名の映画まで製作してしまう。ミュージシャン志望やパソコンマニアのフリーターたちが、「フリーター・ネットワーク」という人材派遣サークルを結成、ビジネスを始めていくという話だ。

映画自体は全くヒットしなかったようだが、「フリーター」という言葉は順調に広まっていった。時代はバブル絶頂期、好景気なので仕事はいくらでもあった。『朝日新聞』までが20歳そこそこのフリーターが月収40万円を稼いでいて、企業に所属する若者たちに羨ましがられているという記事を載せている（1990年4月2日朝刊）。

フリーターは、「自由」の体現者として描かれた。1989年に出版された三村渉原作の『フリーター』（秋田書店）というマンガでは、大学に行かなかった主人公が「だれにも頼らず…もっと自由に生きたいから」「フリーターやってんだよ!!」とかっこよく決めているシーンが出てくる。「フリーター」というのは、自尊心の支えになるようなかっこいいものだったのだ。

実はその頃、早くも第一次ノマドブームが起こっている。黒川紀章は1989年に『ノマドの時代―情報化社会のライフスタイル』（徳間書店）という本を発刊、今年出版されたと言われても誰も疑わないようなタイトルだ。

同書をつらぬく思想は、現代のノマドとも親和的だ。

人々はポータブルコンピューターを持ち、世界中のネットワークの中に広がっている「家」を行ったり来たりする。組織に属するのではなくて、個人と個人がアドホックにつながる生き方が当たり前になる。そんな流動的で軽やかな生き方が広がることを、黒川は「ノマドの時代」と表現していた。

さらに元祖ノマド、種田山頭火もブームになった。文庫本2巻は、発売1ヶ月半で4万部と、同種の本では異例の売れ行きを記録したという。管理社会から抜け出したい現代人の願望の現れと当時の専門家は分析していた。

もっとも、フリーターというのは「自由」の象徴ではあっても、高学歴の若者たちが進んでなるようなものではなかった。バブル時代、完全売り手市場の就活で、銘柄大学の学生たちは大手企業に正社員として就職していった。

そして、フリーターの「自由」は、バブル崩壊以降の景気悪化の影響をもろに受けることになった。就職氷河期に正規雇用という形での「安定」を手にできなかった若者たちは、その後「ロスジェネ」として注目を浴びることになる。

もっとも、フリーターが「社会的弱者」と認識されるようになったのはそれほど昔のことではない。たとえば2001年発刊の『新・フリーター宣言!』というムックでは、

「会社に頼らず、自分の力で、人生を切り開いていく」若者たちがまだ肯定的に描かれていた。

お笑い芸人を目指す二人組、歌手を目指して月収11万で暮らす23歳、司法試験合格を目指す26歳など、夢に向かって毎日をひたむきに生きる若者たちがまぶしい全130ページの本だ。

つい出来心で、同誌に登場していた人たちをググってみたが、夢を叶えた人をついに見つけることはできなかった。歌手を目指していた女の子が結婚、出産を経て、地元のイベントで歌を披露しているブログを見つけたくらいだ。

「自立」を迫った勝間和代

どこか余裕があるフリーターたちと違って、もう少し本気だったのが「資格ブーム」「転職ブーム」に巻き込まれた人たちだ。

今に連なる資格や転職ブームは、女性たちから始まった。男女雇用機会均等法が施行されてもなお男性中心の企業社会。そこで女性たちは資格を取りながら、時に転職をしてでも長く働こうとしていたのだ。

しかし1990年代後半になると、山一證券や日本長期信用銀行などが経営破綻、さらに就職氷河期も始まり大企業神話の崩壊が始まった。そこで女性に限らずIT、会計知識、英語など何らかの「スキル」を身につけることでこの社会を生き残ろう、という発想が広まった。

もはや会社に一生を預けて安泰だと人々が信じられなくなった時代、様々なスキルアップの伝道師たちが「あなたの生きる道」を説いてきた。「これからはITスキルがないと生き残れません」「英語ができないとグローバル人材になれません」と。

その集大成とも言えるのが勝間和代だ。彼女は信者たちに「インディペンデントな生き方」を実践するためのスキルを伝授する。経済小説家の橘玲も指摘するように、勝間が新しかったのは「年収600万円以上を稼げること」という具体的な数値目標をあげて、読者に「自立」を迫ったという点だ。

では年収600万円を稼ぐためにはどうしたらいいのか。それは勉強し、努力することだ。勉強ができないのは努力する習慣がないからに過ぎない。自分を勉強へと追い込む仕組みさえ作れば誰でも努力を習慣化できる。それこそがこの社会で幸せになる方法なのだ。だから誰もが「やればできる」。

この主張自体は何も特異ではない。特異ではないどころか、「やればできる」というのは、この現代社会の基本的なルールの一つと言っても差し支えない。

僕たちの社会の基本的なルールの一つは、誰もが「能力」によって、どのような地位にも就けるということにある。江戸時代までと違って、たとえ親が犯罪者であっても、辺境のムラに生まれたとしても、可能性としては誰もが総理大臣にもミリオネアにもなることができる。

成功者には「能力」がある。敗者には「能力」がない。その「能力」は誰もが努力によって身につけることができる。だから「能力」によって地位や収入に差が出るのは当然である。それが、この社会の「お約束」だ。

さらに勝間の主張は、「自立」の価値を賞賛するという点において「フリーター」言説と大きな差異はない。年収目標を示したり、より本気度が高く、具体的なメソッドが豊富だったりするだけだ。

ところが、数年前から勝間式自己啓発は下火になりつつある。それどころか、彼女のメソッドは「スキルアップ教」と揶揄され、代わりに「本物の教養」や「リベラルアーツ」の価値が強調されるようになってきた（もっとも勝間和代も黙ってはいない。『まじめの罠』という自己否定本や『「有名人になる」ということ』という自己分析本を出し、路線切り替えに必死だ。順調にスキルアップしている）。

なぜスキルアップ教の時代は終わったなんて言われるのか？

それは、今の日本でスキルアップなんかしても大して幸せになれないことに、みんな気付いてしまったからだろう。英語、ＩＴ、会計知識を身につけたところで、それを十分に評価してくれる労働環境はそれほど整っていない。そもそもスキルと呼ばれるものは、すぐに時代遅れになってしまう。

やり直しがきかない社会を生きてゆく

勝間和代ブームが一段落したと思ったら、今度はノマドブームだ。スキルアップにはみんなうんざりしたはずなのになぜ？

答えは、日本におけるノマド論の共通の特徴を探せばおのずと明らかになる。脱サラ、フリーター、フリーランス、インディペンデントな生き方。言葉だけは新しくなるものの、内実に大きな違いはない。

通底するのは、「自分らしい生き方」「会社に頼らない働き方」が大切だという価値観だ。その価値観自体は否定しようがない。自分らしく、自分の能力を発揮して、会社に頼らず生きていけるならそんなに素晴らしいことはない。

じゃあ、具体的にどんな仕事をしたらいいのか。そうした疑問に多くのノマド論は答えない。彼らはただ「スタイル」の話をするだけだ。手帳を持ち歩く。食器洗い機を導入する。読書をする。それを何のためにするのか、ということまでは答えない。

なぜか。それは「やればできる」という「お約束」の限界をノマド論者自身も内面化しているからだろう。たとえば30代後半、小学校で非常勤の事務職をしている女性が、大型ジャンボ機のパイロットになることはほぼ不可能だ。弁護士になろうと思ってロースクールに行くことも金銭的、時間的制約によって実現可能性は低いだろう。

大人になってから職業を変えることは、非常に難しい。たまに華麗な転職を果たす人もいるが、それ一つで美談になるくらい、そういったことは珍しい。

そう、僕たちは「やり直しがきかない社会」を生きている。だけど「スタイル」だけならば、誰もが何歳になっても変えられる可能性がある。そこで繰り返し「スタイル」をめぐるノマド論が登場しては消えていくのだ。

職業的専門性ではなく、「スタイル」の話をするのだから、そのメソッドはおのずとスピリチュアルに近くなっていく。スキルアップ教の教祖・勝間にしても、本の半分以上では精神的な心構えが説かれている。丈夫な心を持つ。愚痴を言わない。思っていることが現実になる。

安藤と共にノマドの代名詞である佐々木俊尚も、「ノマドワーキング」においては「白雲自去来」が大切だと主張する。煩悩や妄想に囚われない禅の精神がノマドには必要らしい。

実際、佐々木の生活は、修行僧みたいにストイックだ。ほぼ毎朝スポーツジムに行って5キロ走る。年に二度は伊豆で断食合宿をする。無農薬有機野菜を使った和食が基本。合鴨農法で作られた玄米を自家精米して鉄釜で炊く。

会社という「安定」した組織を離れて「自由」に働くために、そこまでのストイックさが必要なのかと暗澹とした気持ちになってくる。

しかし考えてみれば当たり前の話で、よほどの特殊能力がある場合をのぞいて、ノマドであろうとも結局は社会の歯車の一つなのだ。それは、会社の歯車の一つとして生きるよりもストイックさが要求される。会社員ならば歯車の潤滑油は会社が補給してくれるが、ノマドは潤滑油さえも自分で調達しなくてはならないからだ。

そんなことは、フリーで働いている人ならば誰でも知っている。

ではなぜ「自由」を求める議論は繰り返し亡霊のように現れてくるのだろうか。それはノマド論信者の多くが、雇われて働く人だからだろう。日本において就業者総数に占める雇用者（雇われて働く人）の割合は実に約8割。

つまり「自分らしい生き方」や「会社に頼らない働き方」は、あくまでも夢だからこそ、繰り返し何度も語られるのだ。

しかし会社が「安定」した時代も終わりかかっている今、実はノマド論はピンチに立たされている。「自由」が価値を持つのは、「安定」がアプリオリに存在する時代だけだ。「安定」が本当に脅かされる時、もはやただ「自由」の賞賛なんてしていられなくなる。「スタイル」の話をしている余裕なんてなくなるはずだ。

遊牧民はどこにたどり着くのだろうか。

やっぱり「学歴」は大切だ

自由に働くためには自分を守ってくれる「武器」が必要だ。福沢諭吉が『学問のすすめ』で記した「天は人の上に人を造らず、人の下に人を造らずと云えり」という一説はあまりにも有名である。しかしその次に福沢がなんと書いていたか知っているだろうか。これからは「学問」の時代で、どんな「学問」を治めるかで貧富の差が決まると言っているのだ。そう、「天」ではなく「学問」が人の上下を作るらしい。『学問のすすめ』が書かれてから140年。実際、いまの日本で「学問」はどれくらい大事なのだろうか。

「学校って何のために行くの？」

現代は、学校に行くことにどんな意味があるのか、非常にわかりにくい時代である。

ＮＨＫで高校中退に関するドキュメンタリー番組が放映されていた。高校中退を食い止めようとする教師たちの奮闘が描かれていたのだが、観ていて印象的だったことがある。それは、高校を辞めようとする生徒たちを引き留める教師たちの言葉が「就職に不利」しかなかったことだ。

おそらく、高校教師自身が、自らの教える内容が、実は生徒たちの生活に全く役立たないことを認識しているからだろう。

子どもが親に宿題を見てもらう、というのはよく見かける光景だが、だいたい親も小学校高学年になると、子どもの勉強についていけなくなる。極端に言えば、子どもを育てるには、というか、この社会で生きていくためには、小学校中学年くらいまでの知識があれば十分ということである。特に高校段階の勉強なんて、一部の教科の、一部の単元をのぞいて、大学受験以外に役に立つことはほとんどない。

これはほんの一例だが、現代社会を生きる多くの人が「学校って何のために行くの?」「勉強って何のためにするの?」と感じてしまうことは確かだろう。

そもそも、なぜ日本に生まれたというだけで、人は学校に行かないとならないのか。なぜ誰もが勉強することを強制されるのか。話は明治時代までさかのぼる。

当時、日本は富国強兵や殖産興業を合い言葉に、国家の近代化を進めていた。そこで必要になるのは兵隊と、労働者だ。

近代戦においては、命令文や兵器の説明書を読みこなし、きちんと数字が数えられる教育された兵士が必要とされる。また、労働市場においても、近代的な会社や工場が増えるにつれて、機械のマニュアルを読み、書類を自分でも書くことができるような労働者が求められる。義務教育のルーツは子どもを国家に役立つ人材にする、ということにあったのだ。

このような教育制度は、子どもを学校に送る親たちにとっても魅力的な話だった。学校に行って、勉強ができる子ほど、給料が高い職業に就くことができるからだ。

たとえば1894年には帝国大学を卒業して高等官十級になった人は67円の月給を手にすることができたが、これは農民の1年分以上の所得、小学校教師の月給の7倍にも相当した。

しかし学歴は徐々にインフレーションを起こしていく。より高い教育を受けた人ほど、「いい会社」に行けるとなると、みんなが「いい学校」を目指すようになる。すると、本来は一部のエリート向けに用意されたような高等教育に多くの人が流入し始める。

たとえば高校進学率は、1960年にはまだ50％台だった。つまり、全国の子どもたちの半分近くは受験勉強なんて、一生関係のない世界だったのだ。

高校進学率が90%を超えて、子どもたち誰もが受験戦争に参加するようになるのは1970年代半ばのことである。

経済が成長していて、高校に行くことに意味が感じられる時代はまだ良かった。高校で勉強する内容がどんなものであっても、「高卒」ということが社会的に評価されていたからだ。しかし、そのような時代は徐々に終わりつつある。高学歴者が増えることによって、学歴のコモディティ化が起こっているからだ。

「東大生は使えない」という幻想

そんな事情もあり、「これからは実力の時代だ」「学歴なんて意味がない」という人たちも多い。確かに東大を卒業しても全く仕事ができない人もいるだろうし、学歴がなくても「実力」だけで大富豪になれる人もいるだろう。

だけど本当に学歴にもはや意味はないのだろうか？　そんなことはない。むしろ学歴というものが果たす役割は、今まで以上に強まっているといってもいい。

確かなものがない流動的な社会では、人は「確かなもの」を求めようとする。そんな時、結局僕たちがすがる最もポピュラーな「確かなもの」とは学歴や社歴だからだ（研究者によっては「学歴」［「中卒」や「四大卒」のように卒業した学校の種類］、「学校歴」［「東大卒」のような卒業した学校名］を区別することがあるが、本章ではただ「学歴」と書く）。

今でも多くの人は「東京大学」「慶應大学」「早稲田大学」といったブランド大学に価値があると信じている。「グーグル」や「マッキンゼー」など大企業や有名企業に所属している人のことを信用しやすい傾向にある。

短期的に人を判断するには肩書きを確認するのが最も効率がいい。実際、メディアで「専門家」が登場するときは多くの場合、説明に所属大学が添えられる。書籍などでも「東大法学部出身」で「マッキンゼー」に勤め、今は「京大の准教授」といったブランドのオンパレードが帯を飾ったりする。

特に「実力」で勝負しなければならないフリーランスや起業家の世界ほどこういった学歴や社歴が重要になる。

大企業や優良企業へ入る際にも、偏差値が高い大学に入ったほうが有利だ。数万人もの応募が殺到することもある人気企業は、あらゆる手を使って、名門大学の学生に有利な選抜制度を設計している。

よくあるのは「東大生向け説明会」「慶應向け説明会」など採用実績の多い大学に向けて説明会を開催するという方法だ。「それ以外の大学向け説明会」では、キャパシティの都合上、説明会に参加するのが難しくなる。

最近では「東大生でさえも就活がうまくいかない」という話をよく聞く。確かに東大生というだけで一流企業に就職できるような時代ではない。「これからはペーパーテスト型の学力よりもコミュニケーション能力だ」なんてことが言われたりもする。

しかし、そんなことは今に始まったことではない。東大生の就職難なんてことは100年近く前から言われているのだ。

たとえば1920年12月8日の『読売新聞』朝刊によると、東大法学部では500人近くの卒業生がいるのに、卒業を控えた12月の段階で進路が決まっているのは100名に過ぎなかったという。大正不況の影響だ。大学進学率が5%に満たない時代の東大法学部出身者は今とは比較にならないくらいのエリート。それなのに就職口がない。

昔も今も景気が悪いと東大生でも就職に苦労する。しかし、東大生と、名前も聞いたことがない地方大学の学生を比べた場合はどうだろうか。

就活経験のある現役東大生に対して実施された「東大生の就職活動に関するアンケー

ト」によると、東大生の実に85％は「東大という学歴が就活で得をした」と答えている。

東大生というと『キテレツ大百科』に出てくる苅野勉三のようなガリ勉エリートを想像してしまうが、実際はそうではない。東大生にもガリ勉エリートからリア充まで、様々な種類の人物がいる。

高偏差値大学の学生の「コミュニケーション能力」が低いというのは幻想だ。むしろ、論理的思考ができたり、一定以上の英語力が担保されていたりと、「コミュニケーション能力」は総じて高いと言ってもいい。逆も然りだろう（ちなみに、勉三さんが六浪の末に合格したのは「高尾大学」であって、東京大学ではない）。

そもそも受験で計測されるような「勉強」と、仕事をはじめとした日常生活で必要な「能力」は似ていることも多い。文章を読んだり、計算をしたり、複数の資料からデータを読み取るといった「勉強」の基本は、どれもビジネスにおいては欠かせないスキルばかりだ。

ファッション一つをとっても、「勉強」である程度のレベルまでのオシャレは可能である。今年の流行のアイテムやカラー、ブランドは何か。自分の身体にあった服は何か。そういったことを習得していくのも一種の「勉強」といっていいだろう。

「学問」が人の上に人を造る

データを見ても、学歴の大切さは変わらない。「無縁」から「格差」まで流行のテーマには一通り首を突っ込む経済学者の橘木俊詔たちの調査によれば、トップ校出身者のほうが高い所得を得やすいことがわかっている。

たとえば偏差値60以上の大学出身者は、他大学出身者よりも平均所得が130万円以上高く、管理職に昇進する可能性も高い。特に、東京大学、京都大学、慶應大学、早稲田大学の4校は突出して多くの上場企業役員を輩出しているという。

さらに国家公務員I種合格者数、政治家輩出数、新司法試験合格者数などを見ても、「権力」に近い場所では今でも東京大学、京都大学出身者の占める割合が多い。学問の世界も同じで、東大、京大所属の研究者の書く論文の引用件数は他大学よりも多い（橘木俊詔・八木匡『教育と格差』日本評論社）。

これからもしばらくは学歴の大切さが揺らぐことはないだろう。というか、それは明治以降の日本社会を支配する基本原理の一つといってもいい。

福沢諭吉の『学問のすすめ』には有名な「天は人の上に人を造らず、人の下に人を造らずと云えり」というフレーズがある。しかし、そのすぐ後に続く文章を知っているだろうか。

「されども今広くこの人間世界を見渡すに、かしこき人あり、おろかなる人あり，貧しきもあり、富めるもあり、貴人もあり、下人もありて、その有様雲と泥との相違あるに似たるは何ぞや。その次第甚だ明らかなり。実語教に、人学ばざれば智なし、智なき者は愚人なりとあり」

明治からの近代社会では、生まれた場所や身分ではなくて、どんな「学問」を治めるかによって貧富の差が決まっていく、ということを言っている。『学問のすすめ』はただの平等主義を説く書籍ではなかったのだ。「天」は人の上下を造らないけど、「学問」が人の上に人を、人の下に人を造るらしい。

基本的に親の職業や身分を継ぐことが当たり前だった江戸時代までと違って、身分制が崩壊した明治以降の社会では、人の優劣を測るものさしが一元化されていった。それが学歴社会の起源である。

身分制社会でない限り、人は何らかの指標によって選別される。その時、学歴以上に有用な指標が開発されれば学歴は必要なくなる、ということになるが、そのようなものはまだ存在しない。もしくは社会的コンセンサスが得られていない。ということは、いくらその限界が指摘されようとも、これからも当面学歴社会は続いていくのだろう。

「学歴論争」は一大エンターテインメントだ

学歴が大事らしいことはわかった。しかし、どうも若者自身は学歴をあまり大事だと考えていないようだ。内閣府らが実施している「世界青年意識調査」(2009年)を見てみると、社会において成功するための重要な要因に「学歴」があると考える若者の割合は、日本が圧倒的に低い。

アメリカでは社会で成功する要因として51・7%、イギリスでも37・4%の若者が「学歴」が重要だと答えているのに、日本ではそれが10・4%に過ぎない(もっともこの傾向は最近始まったものではない)。

せっかく苦労して有名大学に入っても、結局就活で苦労する。受験勉強だけができる人間はガリ勉とバカにされる。しかも、一流大学出身だろうが、三流大学出身だろうが、日本の大企業で新入社員は普通月給の安い平社員からキャリアが始まる。

しかも、苦労して入った大企業が安泰かどうかもわからない時代だ。年功序列と終身雇用が前提で若いうちは安い給料で馬車馬のように働かされることも珍しくない。さらに、学歴エリートとして大企業や官庁で働いている人々が幸せそうに見えるかといえばそうでもない。

いくら長期的に見たら学歴が大切ということがわかっても、短期的にそれを実感することは難しいのである。一方で、学歴を追求して得られるキャリアの外側には、もっとキラキラした人生が転がっているように見える。

たとえば歌手、スポーツ選手、漫画家、声優、カフェオーナー、起業家。これらの職業に就く場合、基本的に学歴は必要がない。

実際、現代におけるセレブリティは「どこにでもいるような普通の人」から生まれることが多い。たとえば、原宿の竹下通りを歩いていたらたまたまスカウトされて人気俳優になった若者、趣味で宴会芸を披露していたらそれが本業になってしまったお笑いユニット。

彼らは学歴エリートと違い、社会階層が下の人々から疎まれることもない。それどころか憧れの対象にもなる。なぜならば、「どこにでもいるような普通の人」であるがゆえに、自分と近い存在に思うことができるからだ。

一方で、学歴エリートはバッシングの対象になることも多い。「東大生はガリ勉ばかり」といった偏見もそうだし、事実上学歴エリートの集団である国家公務員に対する批判は尽きない。高学歴の人が何か不祥事を起こすとすぐ嘲りの対象になる。セレブリティに比べると、学歴によって成り上がった者たちは、ちっともえばることができない。

それゆえに、学歴エリートも非エリートも「学歴なんて大事じゃない」と言ってしまうのかも知れない。その気持ちはわかるのだが、研究や統計を見る限り、学歴の重要性は変わっていない。

実際は学歴社会なのに、「学歴なんて必要がない」という言説が学歴強者からも学歴弱者からも発信されるものだから、学歴論争は尽きない。さらに日本では、イギリスなどに比べて階級の程度が弱いため、学歴を巡る話題は一大エンターテインメントになっている。

「能力」は「遺伝」する

しかし難しいのは、どんな学歴を手に入れることができるのかは、本人の努力だけの問題ではないという点だ。子どもにどんな教育環境を提供できるのかは、親の資産、教育方針などにかかっている。

日本は公的な教育支出が非常に低い国の一つだ。たとえばヨーロッパでは大学まで学費はほとんど無料だったり、奨学金が充実していたり、親がお金を持っていなくても、本人のやる気次第で高等教育を十分に受けられる国が多い。

一方で日本では国立大学でも学費は年間約50万円。私立大学だと文系では年間約100万円程度、医学部や歯学部ともなれば初年度で1000万円という学校も珍しくない。地方出身者が家を出て大学の側に住む場合などは、さらにここに居住費、生活費などがかかる。教育の私費負担が大きいのである。

また、いわゆる「学力」というのは出身階層に影響されることがわかっている。

ある研究によると、学力には子どもが生まれた環境が影響しているという（北條雅一「学力の決定要因」『日本労働研究雑誌』2011年9月号）。家の蔵書数や辞書の所有は子どもの学力を強く規定しているというのだ。しかもその傾向は近年になってより強まっているという。一方で、学校や教師が与えられる影響は限定的になっている。

さらに厄介なのは、社会階層によって「努力をする能力」にも差があるらしいということだ。東大教授からオックスフォード大学の教授に華麗なるキャリアアップを果たした教育社会学者の苅谷剛彦によれば、社会階層上位層のほうが、授業の理解度だけではなくて学習意欲が高いのだという（『階層化日本と教育危機』有信堂高文社）。

一方で、社会階層下位層では「努力」からの撤退が起こっている。彼らは学校で学ぶ意義を見つけられずに、将来よりも現在を楽しもうとする。結果、勉強を頑張るよりも「自分探し」に奔走するようになるという。

これらの調査を、日本の階級社会化の兆候と捉えることもできる。つまり、一流の学歴を手に入れるのにどんな家庭に生まれたのかが大事だというならば、それを後から挽回することは非常に難しくなる。

豊かな家に生まれた人は、子どもの頃から辞書を引いたり、本を読んだりすることに慣れ親しむ。勉強のことは親に聞いてもいい。受験勉強も塾に通いながら、計画的に進めることができるだろう。

一方で社会階層が下の家に生まれた人は、そもそも勉強する習慣が身につきにくい。仮に親が教育熱心だったとしても、親自身が受験を経験していない場合が多く、どのように勉強をしたらいいかを教えることができない。受験競争に参加するとしても何かと不利なのだ。

「学歴固定社会」は幸せかもしれない

学歴社会は、もともとは身分制度を否定したうえで始まったはずだった。確かに江戸時代のような確固たる「身分」制度はなくなった。しかし、どんな環境に生まれたかで、どんな「学問」を受けられるかが変わってしまう以上、人はまだ「身分」から完全に自由になれたわけではない。

「学問は大事だ」というのは今でも正しい。その結果、華々しい「学歴」を身につけることは、この社会をうまく生きていくための貴重な武器になる。しかし、いくらそのような正論を唱えたところで、残念ながら「学歴」を巡る競争は不平等なレースなのだ。

そんな中で社会階層下位層の子どもたちが「自分探し」に走ってしまうのは、ある意味で理解できる行動である。歌手やアイドル、小説家や漫画家、パティシエ、ノマドワーカーなどの一見華やかそうな職業に「学歴」は必要とされない。

もちろん、そうしたキラキラした仕事に就ける人はほとんど存在しない。

東京大学には毎年3000人を超える入学者がいるが、漫画家や小説家としてデビューできる人はせいぜい1000人程度だろう。しかも一度東大に入ってしまえば、その後全く就職ができないという可能性は非常に低いのに対して、漫画家の場合はデビューしたところで継続して仕事があるのかどうかもわからない。

きちんと勉強をして、「いい大学」に入り、「いい会社」に入るというのは、とても効率のいい人生だ。漫画家になるための王道はないが、東大をはじめとした「いい大学」に入るためのメソッドはたくさん開発されている。

今後、学歴の価値は揺るがないのか、それとも人々が様々なものさしを使って自由に生きられる社会になっていくのか。それはまだわからない。だけど少なくとも「学歴なんて意味がない」「これからは実力の時代だ」なんてまことしやかに言う人にだけは気をつけたほうがいい。

「若者」に社会は変えられない

この本では日本社会の「残念さ」を見てきた。この国がこのままではまずいことは何となく気がついているように思う。ではその社会をどう変えればいいのだろうか。そんな時よく「若者」に期待が集まる。若者たちが社会を変えてくれる、と。しかし本当にそんなことは可能なのだろうか。3・11以降に起こったデモや選挙のことを振り返りながら、「社会を変える」ことの意味を考えていこう。

若者の政治離れって本当?

長らく若者たちの「政治離れ」が叫ばれてきた。若者たちは政治に興味がない、投票にも行かない、ましてやデモになんて行くはずもない、と。しかし、その若者たちが熱心にデモに参加していたように見えた時期があった。

きっかけは2011年3月11日に起こった東日本大震災だ。福島第一原子力発電所の事故は多くの人に運動の動機を与えた。

その中でも特に多くの人を巻き込んでいたのが、東京・高円寺のリサイクルショップ「素人の乱」が中心となって企画した一連の脱原発デモである。

2011年4月10日に高円寺で行われた「原発やめろ」デモには約1万人が集まり、駅一帯は数時間お祭り騒ぎに包まれた。その後の5月、6月、8月、9月に相次いで都内で行われた脱原発を訴えるデモでも同様に1万人以上の人々が参加した。

さらにデモは「脱原発」というテーマのみならず、他の領域にも広がるかに見えた。日本で「原発やめろ」デモが開かれていた頃、アメリカでは若者たちによる「オキュパイ・ウォールストリート（ウォール街を占拠せよ）」という反格差運動が盛り上がっていた。

彼らは1％の超富裕層の豊かさを維持するために、99％の一般市民が犠牲になっていることを告発。9月17日にウォール街の近くリバティー・スクエアを占拠した若者たちから始まった運動は全米に飛び火、規模をどんどん大きくしていった。

それに呼応した動きが、日本でも起こった。「オキュパイ・トウキョウ」だ。アメリカと同様、フェイスブックなどソーシャルメディアを使って告知され、10月15日に日比谷や六本木などで行われた。

日本でもこの数年、格差社会における若者たちの貧困が問題になってきた。「原発やめろ」デモを主導してきた「素人の乱」は、もともと格差社会に対する反対運動を積極的に行ってきた集団だ。日本版反格差デモである「オキュパイ・トウキョウ」にも多くの人が集まり、グローバル資本主義を崩壊させ、日本でも中東のような革命が起こるのではないか?

……なんてことを本気で期待していた人がいたかどうかは知らないが、当然そんなことは起こらなかった。「オキュパイ・トウキョウ」に集まった人はすべてを合わせてもせいぜい数百人、しかも年齢的に「若者」と呼べる人はほとんどいなかった。

オキュパイ・トウキョウへ行ってきた

集合場所であるはずの日比谷公園中幸門には、疲れ切った顔したおじいさんやおばあさん、日の丸を持ったおじさんがたむろしていた。老人会の散歩サークルかと思ったが、どうやらこれが噂の「オキュパイ・トウキョウ」に集まった人らしい。ざっと数えて1

50人くらい。しかも若者はほとんど見当たらない。あれ？　経済格差に怒った世界の若者たちの一斉蜂起じゃなかったんだっけ？

むしろ報道陣のほうが多かったくらいだ。話を聞かせてもらう人を探すのも、他の取材陣との取り合いになってしまい一苦労だった。

哲学科に通う21歳の大学生は、今日のデモが東京電力前を通るという理由でやってきたという。デモに参加したのは4月10日に高円寺で行われた「原発やめろデモ」が初めて。それ以来「色んな人が集まっていて面白い」という理由でデモに参加することが多くなったという。

確かに「色んな人」がいる。たとえば自称「おだやかな保守」の35歳男性は日章旗持参でデモに参加していた。一見「左翼」風の「オキュパイ・トウキョウ」になぜ参加しようと思ったのだろうか。

それは同じ日本人として格差が許せなかったからだという。彼は、3・11以前はデモをバカにしていた。「今までは選挙に行った後は全ておまかせだった。それじゃだめだと思った」というのが今日の参加理由だ。

正論だ。真面目だ。そう、「オキュパイ・トウキョウ」には雰囲気からして真面目な人が多かった。「素人の乱」が主催した一連の「原発やめろデモ」はもっとカーニバル色が強く、ピエロやチンドン屋のコスプレをした人もたくさんいたが、今日はそんなファンキーな人はいない。

デモは予定通りの時間に始まった。もっとも150人では日比谷さえも占拠できないから、そんなに盛り上がるわけがない。しかもデモに参加した人同士で対話があるわけではない。穏やかで大人しいデモ集団は銀座のほうへ向かって消えていった。

日本の若者は格差を感じていない

なぜ「オキュパイ・トウキョウ」は東京を占拠できなかったのか。告知期間の短さなど複数の理由が考えられるが、ここで考えてみたいのは日本に住む若者がどれだけ「格差社会」なるものにリアリティを持てるのか、ということだ。

アメリカという国にはわかりやすい「貧困層」と「富裕層」が溢れている。世界トップレベルの私立大学が年間数百万円の授業料を要求する一方で、公立大学の進学費用も捻出できずに、やむなく軍隊で働く若者たちがいる。天文学的な金額の金融取引がなされる摩天楼の片隅で、貧困線ギリギリの賃金で働く移民労働者たちがいる。「1%の富裕層が富を独占している」というスローガンもリアリティを持つのだろう。敵が明確なのだ。ニューヨークであれば「1％の富裕層」というわかりやすい攻撃対象がいる。

また2010年末から民主化革命が起こった中東であればムバラクなどの「わかりやすい独裁者」がいた。多くの若者たちは失業率が高い社会に苦しんでもいた。

やはり若者のデモが盛んなヨーロッパも、若年失業率がとにかく高い。2013年春の統計によれば、若年失業率（15～24歳）はスペインで56・4％、ギリシャではなんと62・5％にも達する。ヨーロッパ全体でも4人に1人の若者は失業状態にあり、日本の7・9％という若年失業率は世界的に見れば低水準だ。

教育機関を出ても未経験者にはほとんど働き口のないヨーロッパ諸国と違い、日本には新卒一括採用制度がある。

一部の優良大企業の席を争う就活レースは過熱するばかりだが、中小企業の有効求人倍率は2013年で3・27倍。3社の中小企業が一人の学生を取り合っている計算になる。もちろんブラック企業問題などもあるが、ヨーロッパに比べたら大卒というだけで何とか働き口が見つかる日本は「若者に優しい」社会である。

さらに、若者自身が日本社会で生きることをそれほど不満に思っていない。『絶望の国の幸福な若者たち』という本が出版されるまで、メディアでは繰り返し「かわいそうな若者」たちの姿が繰り返し煽られていた。不況、格差の中で若者たちは未来の見えない閉塞感に苦しんでいる、と。

しかし、2013年に内閣府によって実施された「国民生活に関する世論調査」によれば、現在の生活に「満足している」と答えた20代の割合は78・4%にも達する。格差社会のもと、その不幸ばかりが喧伝される若者だが、その生活満足度は約8割にも及ぶのだ。これはこの数十年で見ても最高水準の数値である。

また同調査では、今後の生活の見通しも聞いているが、20代の63・3%が「同じようなもの」と答え、「悪くなっていく」は7・8%しかいない。それが40代になると19・3%、50代では31・4%が「悪くなっていく」と答えている。

「若者が立ち上がって社会を変えてくれる」という勝手な期待をしている人には悪いが、当の若者はどうやら今の日本社会を、そこまで悪いものだとは考えていないようなのだ。

有楽町阪急メンズ館には10万人が集まる

ではなぜ「素人の乱」主催の脱原発デモには1万人もの人が集まったのか。一つは「原発」が、わかりやすい敵として立ち現れたからだろう。あれだけの事故が起これば、誰だって原発に少なからず不安を持つ。

ただし、1万人が集まったところで、特に社会は変わらなかった。シングル・イッシューで集まった運動は、具体的な行動が起きる段階になると分裂していくことが多い。そもそも「素人の乱」主催のデモは、まるでお祭りやピクニックのような雰囲気のものだった。

誰でも参加しやすい入場料無料のカーニバル。告知はソーシャルメディアが中心。その意味で、月1回ツイッターやフェイスブックの大きなオフ会をしていたようなものだ。しかしオフ会は所詮オフ会だ。4月10日のデモ参加者の中には、原発に関する政策が争点の一つになっていた都知事選の投票へ行っていない人もいた。

比べて10月15日の「オキュパイ・トウキョウ」は真面目すぎた。少しもお祭りっぽくない。その前日14日に発売された「iPhone 4S」のためにアップルストア銀座店に並んだのは700人以上。さらに「オキュパイ・トウキョウ」と同日にオープンした有楽町阪急メンズ館の行列は600人に及び、開店2日で10万人もの人を集めた。

ただし、政治イベントよりも消費イベントに人が集まるのは現代特有の現象ではない。1925年に制定された治安維持法に反対したデモの参加者は当時の資料によれば3000人程度。その前週に新宿で開かれた映画スターに会えるイベントは3万人を集めていた。1960年の安保闘争の時も、後楽園球場は満員だった。

社会を一番変えられるのは「老人」だ

一番長続きしやすい社会運動というのは当事者運動だ。

日本の若者は格差社会の当事者、つまり自分たちが「弱者」であるという認識がない。反格差を掲げたデモの規模は広がらないし、続くこともなかったのはそのためだ。

若者にとって貧困とは、未来の問題だ。20代のうちは体も健康だし、親も元気な場合が多いし、世代内収入格差も少ない。しかし、40代、50代ともなれば自分の体も弱るし、親も老いてくる。同世代でも「成功者」と「落伍者」がはっきり分かれる。

日本においてもし今後、本格的なデモや社会運動が起こるとしたら数十年後だろう。現在は消費者として元気な団塊の世代がいなくなり、モノを買う人もいなくなる。その頃にはフリーター第一世代が高齢者になっている。彼らは生涯未婚者も多く、きょうだいの数も少ないから、本当の意味で「単身高齢者」が急増してしまうのだ。

そのような福祉を必要とする高齢者の割合は増えていくのに、現役世代は減っていく一方だ。すると、社会保障費や年金がついには立ちゆかなくなる。

今日、明日食べることさえ覚束なくなったら、いくら大人しいと言われる日本でも少なからず暴動は起こるだろう。その時に「ついに日本中の人が政治に興味を持ちだした」なんていう脳天気なことを言える人がいるだろうか。日本の落日は、ヨーロッパよりは遅いかも知れない。しかし、現在の社会制度を変えない限り、「その日」は訪れる。「その日」を回避するために、誰が何をするべきか？　それは「若者」ではなく、「おじさん」の仕事だと思う。

社会を変えられるのは「若者」ではなくて「おじさん」だ。「おじさん」のほうが、若者よりも人脈もお金も経験も、あらゆるリソースを多く持っている。それなのに、自分は安全圏にいて「若者」が社会を変えてくれると勝手に期待するのは、あまりにも都合が良すぎる。よくカネを出しても口を出さないのが一番いいというが、口だけ出してカネを出さないのが一番良くない。

そもそも「若者のデモ」に社会を変える可能性を見出してしまう期待自体が問題なのだ。10代、20代という若者の参加者が少なかったにもかかわらず、「オキュパイ・トウキョウ」を「若者の怒り」として報道したメディアがあった。

一体、「若者」に何を期待しているんだろうか。学生運動の亡霊なのかも知れないが、日本ではよく社会を変えるというと、「怒れる若者のデモ」が唯一の社会変革の方法だと考えられてしまう。しかし毎週金曜日に盛り上がっていた官邸前デモも、決して若者の参加者が多いというわけではなかった。

デモで社会は変えられる？

官邸前デモや、特定秘密保護法に対する反対デモ。それが「若者」によるものではないとしても、確かに「デモ」という文化は以前よりは日本で浸透したように思う。しかも国会議員が「デモはテロと変わらない」とブログに書いてしまうくらいに、それが「権力の中の人」に少なからぬ影響を与えていることも事実だろう。

官邸前デモが開かれている期間中に霞が関の省庁へ行ったことが何回かあるが、官僚たちは僕の想像以上にデモのことを気にしているようだった。特定秘密保護法におけるデモも、政治家や官僚たちに何らかの「後ろめたさ」を残す一因になったと思う。

僕もかつてはデモのことを冷笑的に眺めていた。今でも自分でデモに参加しようとは思わない。しかし、それが全くの無意味だとも思わなくなった。

だがデモに一時期ほどの勢いがなくなってしまったのもまた事実だ。社会運動に参加するのにはコストがかかる。デモ自体は無料でも、本格的に運動へコミットしようと思ったらそれなりの時間とお金が必要だ。

特に働く若者たちは忙しい。当たり前の話だが、毎日の生活に追われるような人よりも、時間や金銭的に余裕がある人ほど社会運動にはまりやすい。裕福な主婦向け雑誌『VERY』が脱原発運動や改憲への反対運動に熱心なのが象徴的だ。

その意味で、かつて学生運動をしていたような高齢者に、原発問題はこれ以上ないほどの娯楽を提供した。少し前のことになるが、ピースボートに乗った時に僕はそのことを再認識させられた。

ピースボートと日本未来の党

2012年12月1日。その待合室は、「日本未来の党」の話題で持ちきりだった。もはや未来の党が多くの議席を取るのが前提で話は進み、どこと連立をすればいいかなど話題は尽きなかった。

ここは博多港。僕たちはピースボートの出航を待っていた。僕にとっては2回目、4年ぶりのピースボートだ。前回のクルーズは『希望難民ご一行様』（光文社新書）という本で書いた通り、とんでもない世界一周の旅だった。船のエンジンが壊れ、さらには船体に穴まで開き、アメリカ湾岸警備隊に拿捕される始末。怒った高齢者の乗客たちが船内で集会やデモを開き、それを見て若者たちが泣いたりしていた。

そんなピースボートになぜ？　実は今回は乗客ではなくて、「水先案内人」という講師として船に呼ばれたのだ。ただし世界一周クルーズではなくて、9日間のショートクルーズ。博多を出発して釜山、那覇、敦賀などを回る韓国のNPOとの共催ツアーだ。いつもは「世界平和」や「環境問題」などふわっとしたテーマを掲げることの多いピースボートだが、今回彼らが打ち出したのは「脱原発クルーズ」。パンフレットによれば「今こそ各地の原発の実態をこの目で確かめ、原発立地地域の人々と言葉を交わし」、「私たち自身が日本のエネルギー政策を決定する必要がある」というのが船旅の趣旨だという。

いつものクルーズは若者が半数くらいの割合で乗っているのだが、今回は寄港地がしぶいのと、テーマ設定のせいか7割以上のパッセンジャーが高齢者だった。

半年前に計画されたクルーズは偶然にも、衆議院選挙の準備期間と重なってしまった。民主党の野田首相（当時）が解散に踏み切り、日本維新の会など第三極と呼ばれた多数の政党が乱立した選挙だ。

その中でも日本未来の党は、今回のピースボートの旅に大きな影響を与えた。

もうほとんどの人は忘れているかも知れないが、日本未来の党とは、小沢一郎や滋賀県知事の嘉田由紀子が中心となり結成された政党だ。彼らの一番の主張は「卒原発」。原発に依存した社会からの段階的な卒業を目指していた。

今では制度的のみならず、人々の記憶からも消滅してしまった日本未来の党だが、ピースボート界隈における熱狂と混乱ぶりは凄まじかった。

まず、乗船予定とされていた水先案内人の乗船キャンセルが相次いだ。自分自身が未来の党の代表代行で、環境NPO所長の飯田哲也は、パンフレットで「私も参加します」とほほえんでいたのに、選挙活動に専念するため当然キャンセル。雨宮処凛も選挙を手伝うというので、ビデオメッセージだけを残して乗船せず。さらに、「新党今はひとり」を立ち上げ、自身も立候補を表明した山本太郎も乗船せず。

加えて、多くの水先案内人たちは、博多から那覇の間だけ乗船して、さっさと船を降りてしまった。未来の党の応援に行くためだ。初めは全行程乗るはずだった宮台真司も、那覇で降りて飯田哲也の応援に行くと張り切っていた。ルポライターの鎌田慧、ａｐｂａｎｋ監事の田中優たちも、みんな那覇で降りてしまうのだという。

当初乗る予定だった案内人の約半数が最後まで乗船しない。これは乗船者たちの暴動が起こるかと楽しみにしていたら、全くそんなことはなかった。今後の脱原発政策を占うかもしれない選挙という非常事態だ。そんな細かいことで腹を立てている場合ではなかったようだ。

脱原発というお祭り

出航前から未来の党談義に花咲く案内人たち。その輪に入れない若者が二人いた。僕と開沼博だ。『フクシマの正義』(幻冬舎)という本で、華麗に脱原発派たちを皮肉っていた社会学者の開沼もなぜか僕と同様クルーズに呼ばれていた。

開沼は、本の中で安易に「脱原発」を唱える「良識派知識人」をこう批判する。彼らはいつも新しい悲劇を探している。安全な場所から、「原発」という悲劇に盛り上がり、自意識を満たすためだけのポジション争いに終始している、と。

明らかに「良識派知識人」ばっかり乗ってくるだろうクルーズに開沼を混ぜてみるなんて挑戦的だ。考えてみれば、前回のトラブル続きのクルーズを皮肉った本を出した僕までなぜか講師として呼ばれているのだ。ピースボートは多様性に寛容な団体らしい。

ピースボート船内では自主企画といって、乗船者たちが自分たちで勝手にイベントを開くことができる。今回は脱原発クルーズということもあり、やはり原発系のイベントが多かった。脱原発ソングを歌いながら「鼻毛ぶーラッパ」を作るワークショップ、「放射能から子どもを守る方法」を語る座談会など、真面目な企画が多数開かれていた。

僕もいくつかのワークショップに参加する。その中である若者が話していた言葉が印象的だった。

彼は今、原発のない社会を実現するためにスタディー・ツアーのガイドやワークショップなどを開催している。もちろん「脱原発」派の彼だが、同時に「原発さん、ありがとうという気持ちもある」のだという。え？　ありがとう？

「原発のことを調べる過程で、いろんな人と出会って、いろんな人を知った。原発さんが僕たちをつなげてくれた」というのがその理由らしい。

奇しくも２０１２年12月21日はマヤ暦の最終日、地球が終わると噂されている日だ。しかし彼によれば人類は滅亡するわけではなく、ただ新しい次元に到達するだけだという。それは原発がない世界を意味するらしい。

このワークショップにコメンテーターとして参加していた開沼は終始黙りがちだった。僕は一口に「脱原発」といっても、そこには様々な「脱原発」があるのだということを思い知らされた。

結局は自民党が圧勝

結局、選挙は大方の予想通り、自民党の圧勝だった。脱原発クルーズでは、あれほど盛り上がっていた未来の党も、１２１人の候補者の中から当選したのはわずか９人。しかも小選挙区からは小沢一郎と亀井静香の二人だけ。ピースボートをドタキャンした飯田哲也も落選した。

選挙の投票率は戦後最低の59・32％だったという。ピースボート界隈の投票率は１００％に近かったのかも知れないが、結局原発政策を含め、国民の選挙に対する関心はこんなものだったのだ。

この結果を嘆く人がいるかも知れない。しかし「有権者の半数近くが、どの政党も支持していない」「有権者の約半数が、投票に行くほどには政治に関心がない」というのもまた民意だ。

社会学者の鈴木謙介は選挙後にブログで「選挙に行けば確かに政治は変わるけど、それは投票した人ではなく、当選した人にとって望ましい方向に変わる」と書いていた。その通りで、みんなが選挙に行ったからといって、政治が全ての人にとって「望ましい方向」に変わるわけではない。

しかもピースボートと日本未来の党の迷走ぶりを見ていると、果たして選挙を通じて政治に関わることにどれほど意味があるのかと思ってしまう。結局一瞬のお祭り騒ぎで終わってしまうような「政治」にどれほどの意味があるのか。それで本当に社会は変わるのか。

「静かな変革者」が社会を変える

日本で「政治」というとつい選挙とデモの話ばかりになってしまう。だけど現代は無数の社会の変え方がある時代だ。現にデモなんかに参加しなくても、一部の若者は勝手に社会を変え始めている。

地道に震災復興支援を続ける。カンボジアに病院を作る。フェアトレードを通して途上国を支援する。コンゴに学校を作り日本語を教える。

革命的に社会を変えずとも、既存の仕組みに風穴を開ける方法はいくらでもある。それは、自分の食い扶持も稼げずに国家語りや社会語りをして、何かをしたつもりになっていた1960年代の若者よりも、よっぽど真面目に社会を変えているとも言える。

社会学者のトゥーッカ・トイボネンは「静かな変革者（quiet maverick）」という概念を用いて、日本の若者たちの「革命」に注目する。

たとえば「Youth for 3.11」という学生団体は東日本大震災直後から、学生たちが集まり継続的に被災地支援を続けている。その他にも社会的企業として有名な「フローレンス」や「マザーハウス」など、いくつもの若者発の「革命」が始まっている、とトイボネンは主張する。

「革命」という言葉は少し大げさに聞こえるかも知れない。彼らは1960年代に起こった学生運動とは違って、大声で社会変革を訴えないからだ。体制の変革になんて興味がないようにも見える。

だけど、それこそが現代の「革命」にとっては重要なのだ。日本で、わかりやすい「反権力」運動が成功したことはない。それを学んだ「静かな変革者」たちは、既存の社会システムと協調することを好む。行政に協力を仰ぎ、時には共に行動する。

僕も「静かな変革者」に対するインタビューをよく行うが、彼らは「社会にいいことをしたい」とか「国のために何かしたい」とはあまり言わない。そんなのは、彼らにとってもはや自明のことだからだ。当たり前のように被災地支援をしたり、自然エネルギーの啓蒙活動に取り組んだり、地域の教育問題を解決しようとしている。

彼らは、大きなことを言わない代わりに、粛々と身の回りの100人、1000人を確実に幸せにしている。だけど、その活動は規模が小さい分、あまり目立たない。

人はついつい「大阪から日本を変える」といった大きなことを言うカリスマ的人物に過大な期待をしてしまう。だけど少し考えればわかるが、社会は一瞬で劇的には変わらない。そしてカリスマの「耐用期間」は思いのほか短い。

それぞれの生活を送る1億2800万人、膨大な法律や制度や、習慣。それはある日突然には変わらない。ゴミの収集場所一つ変更するのさえも一苦労だということは、町内会に入っている人ならば誰でも知っているだろう。

社会は、ちょっとずつ変えていくしかない。ということは、社会をよくするためには「静かな変革者」を少しずつでも増やしていくしかない。

「静かな変革者」と対称的なのが、自称「保守」の人々の間に広がる相互不信や他者攻撃だ。誰かをバッシングして自分のちっぽけな自尊心を満たすくらいなら、実際に日本の役に立つことを出来る範囲で、明日から始めたらいい。少なくない若者たちは、既に動き始めている。

闘わなくても「革命」は起こせる

社会は急には変わらない。社会は少しずつしか変わらない。言い換えれば、社会はもう少しずつ変わり始めている。シェアハウスや自給自足の生活の実践を通じて、今ある社会に違和感を表明する若者たちが注目を集めている。学生運動の時代のように、火炎瓶を投げつけて権力に対抗した気になるのではなく、今の社会と適切な距離を保ちながら、可能なるオルタナティヴを探る。そんな「やさしい革命」が始まっている。

「シェアハウスブーム」というブーム

若者たちの間でシェアハウスやルームシェアが人気だ、という話題が人気だ。何でも、多くの若者たちが家族でも恋人でもない他人との共同生活をしているらしい。

たとえばメディアはこの数年繰り返し、シェア特集を組んできた。『広告』や『宣伝会議』といったマーケティング系雑誌も繰り返しシェアに関する話題を取り上げている。

最近では「テラスハウス」というシェアハウスに住む若者たちに密着したリアルドキュメンタリー番組も人気だ。また、「SEKAI NO OWARI」というロックバンドは、メンバー自身がシェアハウスに住み、そのことを含めて若者たちの憧れの的になっている。

実際、統計的に見てもシェアは増えているようだ。たとえば首都圏を中心にシェア物件を紹介する「ひつじ不動産」に登録された物件数は1700棟、2万室を超えた。3年間で2倍の伸び率だという。最近では、不動産大手企業もシェア業界へ進出している。

だけど、これだけの情報で「いま若者たちの間でシェアハウスが大ブーム」とか煽ってしまうのは危うい。僕はシェアハウスに対して、もう少し穿った見方をしている。

まず、いくらシェアハウスブームだといっても、それは所詮都市部だけの話だ。はじめから家賃の安い地方でシェアをしている若者の話はほとんど聞かないし、東京都だけでも民間借家に住む単身者は200万人。一人暮らしのほうが全然多い。

それにシェアなんて居住形態はちっとも新しくない。1970年代まで都市部に住む多くの若者は設備共用の木造アパートに住んでいたし、むしろワンルームマンションに「一人暮らし」という暮らし方のほうが歴史的にはよっぽど新しい。

それなのに、なぜ若者のシェアは注目されるのか。一つは「わかりやすい」からだろう。多くのメディアが描くところによれば、現代の若者たちは時代の閉塞感を受け止めながら、低成長時代に適合した生き方を模索している。そして、他人と競争するよりも協調することを好み、身近な仲間たちとの関係を何よりも大事にするという。

そのような若者たちの生き方をわかりやすく具現化したのが、シェアする若者たちだ。僕もこの前ある雑誌の編集会議に呼ばれて、若者特集をするにあたってどこに取材すればいいかを聞かれたのだが、真っ先に思い浮かんだのがシェアハウスだった。

現代日本において「若者」はあまりにもイメージが拡散しすぎてしまって、これを取り上げれば「若者」だという対象を見つけにくい。その中でシェアする若者たちはいかにも現代っぽい。お金をそこまでかけずに暮らし、友人関係を大切にするという意味で、大人たちの描く「今時の若者像」にぴったりなのだ。

「ここに来るとみんな正社員を辞める」

それに相乗りして僕もこの文章を書いているのだけど、確かにシェアハウスに住む若者たちにインタビューすると色々な面白い話が出てくる。「ここに来るとみんな正社員を辞める」と語るのは24歳（インタビュー当時、以下同）の斉藤桂太だ。

彼が住むシェアハウスでは、「安らぎ」や「ぬくもり」を求めて住み始める人が多いという。しかし、家賃は約3万円。生活費を節約すれば1ヶ月5万円で暮らせることに気付く。すると、元の仕事を辞めて、月に数回日雇い労働をするだけで、あとは自分の好きなことをしながら暮らすようになるというのだ。

絵を描きながら暮らす。詩人として生きていく。歌手になりたい。どれも、大人たちに「そんな夢みたいなこと言っていないで、きちんと働きなさい」と一蹴されるような生き方だ。

だけど、そんな夢追い人のような生き方も、家賃の安いシェアハウスでならば不可能ではない。そもそも「絵」や「詩」で何百万も稼ぐ必要はない。暮らしていくための最低限のお金だけバイトで稼いで、「絵」や「詩」が数千円にでもなれば万々歳だ。

彼らは、最近流行のソーシャルメディアもうまく活用している。同居人のモモ（20歳）は「まじでお金がないとき」は、ツイッターで欲しいものをつぶやくという。すると、誰かが物々交換を申し出てくれたりする。風邪を引いたとツイートした時は、わざわざ栄養ドリンクを届けてくれた人もいたという。昔でいえば、お隣から醤油を借りるみたいなことが、現代でも都会の片隅で起こっているのである。

同じシェアハウスに住むユウジ（22歳）の言葉を借りれば「お金がないことは、コミュニケーションで補える」。社会学では、人との「つながり」や「人間関係の豊かさ」のことを社会関係資本と呼ぶが、まさに彼らは経済的資本（お金）の不足を社会関係資本で補っているのだ。

シェアハウスに住めば家賃や光熱費という固定費を減らすことができる。しかも家にはいつでも遊べる友達がいる。若者たちはこの不況下、お金をかけず友人たちとの生活を豊かに楽しんでいる。結構なことじゃないか。と、納得するには少し早い。

シェアハウスにはいくつか問題点がある。まず、シェアブームを過剰に煽ることは、住宅政策の貧困さを見過ごすことになる。日本の持ち家政策一辺倒の住宅政策は、若者にとって不利なものになっている。ヨーロッパでは一般的な、若者も受給できる公的住宅手当なんてものはない。

また、貧困ビジネスに近いようなシェアハウスもあって、あるケースでは二段ベッドの下の隙間部分を月4万円で住まわせていた。「シェアハウス」という格好良さそうなキーワードに釣られてきた若者を、いわば食い物にしているのだ。

そして、もっと深刻な問題は「格差」はシェアできないということだ。全ての人が僕がインタビューした若者のようなコミュニケーション能力を持っているわけではない。そのシェアハウスになじめない者は自然と排除されていく。そもそも、誰と住むかという時点で学歴などのフィルタリングがかかっている。

このように、若者たちのシェアを単純に礼賛するわけにはいかない。だけど、会社に就職して、結婚して家族を持つことが当たり前ではなくなるこれからの時代に、シェアはますます注目を集めることになるのだろう。

「ダウンシフターズ」という新しい生き方

その店は東京・池袋の片隅にある。広さ6・6坪の小さな飲食店。店内を覗こうにも小窓があるだけ。「たまにはTSUKIでも眺めましょ」（通称たまTSUKI）という店名を掲げた小さな看板はあるが、外からメニューなどは一切わからない。

「たまTSUKI」は、髙坂勝がオーナーを務める小さなオーガニック・バーだ。一見《いちげん》さんがふらっと入るのは難しそうなのには理由がある。

「忙しくなりたくないから」だ。

ん？　商売をしているのに儲かりたくないってことか？

そうなのだ。「大きく儲からなくても、好きな時間が多いほうがいいんです」と高坂は言う。「たまＴＳＵＫＩ」のウリは「暇で儲からないのにずっと黒字」ということだ。社員は高坂一人。お店も小さいので固定費がほとんどかからないのだ。

高坂は30歳の時まで大手百貨店に勤めていた。その時の年収は６００万円。現在の年収は３５０万だが、手元に残るお金は大して変わらず、自由に使える時間は比べようがないくらい増えたという。

なんと、最近では儲かりすぎてしまっているため、週休を1日増やして3日にしてしまった。余った時間は家族とのコミュニケーションや、千葉県に借りている水田での作業に当てているという。

高坂は自分たちのことを「ダウンシフターズ（減速生活者）」と呼ぶ。もともとは社会学者ジュリエット・ショアの言葉で、消費社会から距離を置きながら自分たちの生活や価値観を大切にする人たちのことだ。

このバーには高坂と同じような「ダウンシフターズ」がよく集まる。僕が行った夜は、茨城県で有機農業をしながら自給自足をするグループ「暮らしの実験室」に関わる若者たちがいた。

茨木泰貴は大学卒業後、「暮らしの実験室」のある「やさと農場」に住み始めて約10年になる。多くの収入を得られるわけではないが、農場での共同生活である以上、衣食住には困らない。もちろん現代の若者、パソコンやスマートフォンを使いこなす。

「今はネットで何でも買えるので不便なことはあまりないですね。近くにコンビニがあるのですが、こういう生活をしてると、コンビニの光が眩しくて邪魔になるくらい」と笑う。隔離された農村生活というよりも、最新のインフラをうまく使いながら、自由な田舎暮らしをしているという印象だ。

「暮らしの実験室」では定期的にイベントが開かれ、都会からも多くの若者が参加するという。最近では農場の近くの林を伐採して、その木でクリスマスツリーと薪を作った。一回りして、何だかオシャレだ。

「今、ここ」の幸せを求める若者たち

彼らのような「ダウンシフターズ」はちょっと極端かも知れない。農業に関わる若者がメディアで取り上げられる機会は増えたが、実は新規就農者は増えていない。

農林水産省の調査によれば、ここ数年新しく農業を始める20代は年間7000人程度で横ばいだ。到底マジョリティーではない。多くの若者たちは今でも資本主義社会の中で、それなりに忙しく、それぞれの日々を送っている。

だけど、現代の若者たちは少しずつ、でも着実に既存の社会を降り始めているように見える。すでに紹介したように、20代の生活満足度は78・4％にも達する。

増える一方の非正規雇用、低賃金で働くワーキングプア、どんどん厳しくなる就活戦線、絶望的な世代間格差。若者たちにとって「不幸」としか言えない今の日本で、なぜ彼らは現在の生活に満足していると答えているのだろうか。

その謎を解く鍵は「コンサマトリー」という概念にある。

社会学では、「今、ここ」にある身近な幸せを大切にする感性のことを「コンサマトリー（自己充足的）」と呼ぶ。何らかの目的達成のために邁進するのではなくて、仲間たちとのんびりと自分の生活を楽しむ生き方のことだ。

若者たちの生活満足度の高さは、このコンサマトリーという概念によって説明することができる。高度成長期のように、産業化が途中の社会では、人は手段的に行動することが多い。「車を買うために、今は節約しよう」とか「家を買うために、がむしゃらに頑張ろう」とか。

だけど、衣食住という物質的な欲求が広く満たされた社会では、人々は「今、ここ」の生活を大切にするようになっていく。特に1990年代以降、「中流の夢」が壊れ、企業社会の正式メンバーにならない人が増えていく中で、若者のコンサマトリー化は進んでいった。

現在多くの20代はもはやバブルを知らない。物心ついた時には日本の経済成長は終わっていて、彼らは多感な青春時代を平成不況と共に過ごしてきた。

かといって、現代の若者は日本の貧しさを知っているわけではない。むしろ、生まれた時から充分すぎる物質的な豊かさを享受してきた。社会が成長していくことに対してリアリティは持てない一方で、彼らにとって日本の豊かさはデフォルトなのだ。

実は「社会の役に立ちたい」

一方で、「今、ここ」を大切にする若者たちは、社会変革の可能性も考えているようである。たとえば内閣府の調査によれば「社会のために役立ちたい」と考える20代は2013年で66・0%。調査を開始した1975年以来、最高の数値だ。

しかし、彼らの「社会の変え方」はなかなか見えにくい。デモや抗議活動など、昔ながらの反抗の形をとらないことも多いからだ。

たとえば、原崎拓也は、「One kitchen」という空間を東京の四谷にオープンした。大きなキッチンと大きなテーブルがあるその空間を彼は「21世紀型食卓」と呼ぶ。これは、彼なりの資本主義社会に対する違和感の表明だ。

別にかつての過激派のように、ここをアジトに革命の構想を練るわけではない。気の置けない仲間たちが集まり、食事を作り、みんなでご飯を食べることを基本としたイベント空間である。

彼は、20代の間、世界中を旅してきた。旅を続ける中で「根本的な資本主義のあり方を考えてみたい」と思うようになったという。思い当たったのは「食コミュニティ」の可能性だ。貧しい国で食事とは、近隣の人々と共に食卓を囲むものだ。だけど、なかなか都会ではそうはいかない。

「最近、5人や10人で食事をとったのはいつ？　みんなでご飯を作ったのはいつ？　都会ではみんなそういう経験をしていない」。それが「One kitchen」のアイディアにつながった。世界中を回ってきた原崎が見つけた、世界の中で一番居心地が良い空間が、大きなキッチンだった。

闘うのではなく、むしろ降りる

かつての対抗文化運動を知っている人からすれば、「暮らしの実験室」や「One kitchen」はとても社会運動には見えないだろう。確かに彼らは、資本主義や消費社会に対する違和感を表明はするが、真正面からそれに立ち向かっているようには思えない。闘うのではなく、むしろ降りている。

「仲間たちとまったりしていないでデモに行け」「議会制民主主義の国なのだから選挙に行って自分の意思を表明しろ」という怒りの声が聞こえてきそうだ。

だけど、現代社会において政治にできることは急速に縮小してしまった。社会を動かしているのは、いわゆる政治だけではない。たとえば日本政府とアップルの影響力はどちらが大きいだろうか。日本国首相とレディー・ガガの影響力はどちらが大きいだろうか。これだけ国家以外のアクターが影響力を持つ時代において、政治にできることなんてたかが知れているのだ。

逆にいえば、政治に頼らずとも個人レベルで社会を変えていく方法はたくさんある。

たとえば「たまＴＳＵＫＩ」に集まる人、「暮らしの実験室」や「One kitchen」といったグループのように、社会から「降りる」というのも、その方法の一つだろう。彼らのような「降りる」人が増えるならば、既存の消費社会や企業社会もそのインパクトを無視できなくなるからだ。

「降りる」ことと、「閉じる」ことは違う。かつてのコミューン運動から学ぶことがあるとすれば、いきなり完全自給自足生活を目指したり、共同体内に閉じこもってしまうべきではないということだ。その意味で、ダウンシフターズは健全だ。当たり前のようにスマートフォンを使い、社会とつながりながら、「今、ここ」で自分たちができる活動をしている。

それは何も「脱経済成長」といった大きな話ではない。資本主義のルールの中で戦いたい人は思う存分そうすればいいし、そのためには経済特区や法人税減税といった仕組みを積極的に整備していくべきだろう。

だが同時に資本主義や消費社会から距離を置き、自分なりの生き方を模索するようなあり方も肯定されるべきだ。僕たちはもはや富国強兵の時代にも、高度成長の時代にも生きてはいない。

明治維新から一世紀半、戦後およそ70年。僕たちが暮らすこの社会は、少なくとも人の一生分くらいは古い。高齢者がある日突然それまでの価値観を捨てることが出来ないように、この社会も突然には変わらない。社会全体を無理やり変えようとしても、ダイエットのようにリバウンドするのがオチだ。

だからこそ、僕たちはまず「今、ここ」にいる自分たち自身も社会の一部だということを思い出すべきだと思う。まず「今、ここ」で暮らす自分や仲間を大切にすること。自分たちが生きやすい環境を作ろうとすること。それは、結局社会を良くすることになるのだ。

「やさしい革命」は、「今、ここ」にいる「僕たち」を充実させることから始まる。

このままでは「2040年の日本」はこうなる

この国はこれからどうなっていくのだろう。もしこれからも「おじさん」たちを中心とする迷走が続いたらどうなるか。今から約30年後、2040年の日本の姿を予測してみた。それは意外にも多くの人が満足して生きる、幸福な階級社会なのかも知れない。

30年後の幸福な階級社会

上海から久しぶりに日本へ戻ると、すぐにタクシーに乗り込んだ。羽田空港から都心へ向かう時に見えるビル群、湾岸部の風景は東京オリンピックが開催された頃から大きく変わっていない。もしかしたら、僕が『絶望の国の幸福な若者たち』という本を書いた30年近く前と比べても、東京という街の雰囲気自体はあまり変化がない。

だけど、あの頃は笑いながら言えていた「絶望の国」という言葉は、だいぶ真実味を帯びるようになっていた。

相対的貧困率が4割を超えた2040年の日本では、誰も「貧困問題」や「格差社会」なんてことを語ろうとはしなくなった。そんなことは、もはや社会の前提だからだ。

しかし人々は幸せそうだ。裕福な親の子は裕福な、貧しい親の子は貧しい階級社会は、人々の生活満足度を再び上昇させた。社会学では相対的剝奪というが、人々は自分の所属する集団の中での比較で幸せを測るから、階級移動の夢が閉ざされた社会では、逆に幸福度が上がってしまうのだ。「まあ、私たちはこんなもんだろう」と。

日本でも目に見えて階級社会化が進行した2030年代には、街でデモや暴動が起こった。特に2031年に最低賃金法の撤廃や公的年金廃止などが含まれた社会保障と雇用一体改革の強行採決時には、国会を老若男女が囲んだ。97歳の田原総一朗や90歳になった柄谷行人は非常に満足そうだった。

その頃は一時的に人々の幸福度も下がった。しかし階級が固定し、人々がそれを当たり前のことだと思うようになると、再び幸福度は上がったし、治安も回復していった。

治安維持に一役買ったのは、「ベーシックインカム」と「改良プロザック」の配布だ。

生活保護制度の代わりに、毎月一定の電子マネーを配布するベーシックインカム制度が導入されたため、人々はとりあえず衣食住の心配をする必要はなくなった。電子マネーでの給付によって使用履歴が管理されるため、嗜好品に散財されることもない。

プロザックは、アメリカでは1980年代から使用されている抗鬱剤だ。当時から鬱状態を正常に戻すだけではなく、積極的な気持ちになれたり、人生を成功に導く薬だとマスメディアで取り上げられていた。

かつては自殺衝動などの副作用が認められたプロザックも改良が進み、現在では「ハッピーサプリ」という名前で国家が一部の労働者に無料配布している。

「ハッピーサプリ」が配られるのは、ファストフードの店員や介護職など「移民相当職」と呼ばれる労働者に対してだ。

日本は欧州のように、低賃金労働を移民に任せるという選択肢を最後まで取らなかった。というか、取れなかった。東アジア諸国の経済水準が上昇し、職業機会が増えたため、それらの国の人々にとって日本へ移住するメリットがなくなってしまったからだ。

政府は2020年に「労働開国」を打ち出したが、その時には既に手遅れだった。人口ボーナスまっただ中、豊富な若年労働力を武器に経済成長を続けるASEAN諸国の人々は、もはや極東の没落国に興味をなくしていたのだ。

そこで結局、「ハッピーサプリ」を求める貧困層の日本人が「移民相当職」に従事している。年齢も性別もバラバラ。時給は2010年代の物価に換算すれば150円程度だが、誰も文句を言わない。だって、「ハッピーサプリ」を飲めば、ただ単純労働をするだけでも幸せになれるのだ。

一方で、富裕層はスマートドラッグを服用して、脳を若々しい状態に保つことに必死だ。記憶力や集中力を上昇させるスマートドラッグは合法だが、高価なため一部の富裕層しか手に入れることが出来ない。

もはや富だけではなく、頭脳さえも格差が当たり前の社会なのだ。『頭脳格差社会』という本が出版されたが、スマートドラッグを服用した富裕層の論者にあっさり論破されていた（でも、その本の著者はスマートドラッグを飲んでいなかったから、批判内容が高度すぎて理解できなかった）。

若者は海外にしかいない

日本の人口がついに1億人を割ったというニュースを六本木に向かう車の中で聞いていた。かつて発表されていた「日本の将来推計人口」を超えるスピードで、人口は減っていった。

一つの理由は少子化だ。日本では家族や若者などに向けた福祉があまりにも貧弱なことは数十年間指摘され続けてきたが、政府はその対応を先送りし続けてきた。産児・育児休暇の充実、「こども園」の拡充、女性向けの就労支援など全ては後手に回り、2019年には日本の合計特殊出生率は1・0を割っていた。

そして人口減のもう一つの大きな理由は、日本を脱出する人々の存在だ。

思い返してみれば、2010年代まで「海外で働く」ということはグローバル（当時の流行語である）に活躍する富裕層や、「自分探し」に熱心な若者など一部の人々に限られたものだった。

しかし2020年代からは、中流層の脱出が目立つようになってきた。日本国内において「まともに働ける仕事」がどんどん減ってきたからだ。今でも一部の優良企業や外資系企業に入ることを夢見る若者もいるが、それよりもインドや南アフリカなど経済成長を続ける国に行ったほうが自分を高く売れることが多い。

日本語話者が1億人いる限り、彼らを対象としたサービスを開発したい企業は世界中にある。そんな中、習得が難しい日本語のネイティヴ・スピーカーは国際労働市場でも、未だ一定の価値を認められていた。もっとも自動翻訳の精度向上によって、専門職以外で高度な言語能力が要求されることは少なくなっている。

僕の友人や知人も、いつの間にか世界中に散ってしまった。日本の広告代理店で激務をこなしていた彼女はサウジアラビアでコンサル会社を立ち上げた。サブカルチャー評論家だったあの人は、オーストラリア国立大学で文化産業政策について教鞭を執る。30年前からコンゴ民主共和国で教育活動に携わっていた彼は、今や日本でも有名なミリオネアだ。紛争の終わったコンゴは世界最大の資源輸出国になっていた。

かつて「日本の若者が海外に行かない」と嘆いていた大人たちは、この姿に涙を流して喜んでいることだろう。って、もう彼らの多くはこの世にいないんだった。

「都市の時代」への移行

日本全体が衰退したわけではない。世界は今「都市の時代」に移行しつつある。

アメリカの一極集中が綻び始めてから、世界には複数の「中心都市」が点在するようになった。日本では、東京と福岡がアジア地域の「中心都市」として、世界各国から優秀な人材を集める地域になり、何とか持ちこたえている。地方交付税が見直され、大都市に集中的に財源が投入されるようになっていた。

しかし、日本がウリにしていた高い教育水準、治安の良さ、高度なインフラの充実には陰りが見え始めている。

一つはエネルギー不足の問題だ。2011年に起こった福島第一原発の事故により、日本は段階的に「脱原発」に舵を切ったが、代替エネルギーの開発は思うように進まなかった。最近では東京や福岡などの大都市でも停電が頻繁に起こるようになっている。

福島第一原発の廃炉は技術者不足のため一向に進まず、最近の発表によれば完全な廃炉にはさらにあと数十年かかるという。フランスと中国の合弁企業が原発の跡地一帯を買い上げ、世界中の核廃棄物を集める最終処分場を作る計画があるという噂も最近よく耳にする。

隣国の中国では、トリウム溶融塩炉によって安定的な電力供給がなされている。中国は2011年にいち早く開発を始めたこともあり、メルトダウンが原理上起きない新世代原子力発電の技術で、世界をリードしていた。中国から日本への海底ケーブルでの電力輸入は、早ければ数年のうちに実用化するという。

ただし中国という国家全体は没落の一途をたどっている。人口ボーナスが2015年に終わった中国では、経済成長率が3%という低成長時代に突入していた。高齢化により社会保障費が増大する一方で、一人っ子政策の影響で労働力人口の減少が続く。

そんな中、上海に首都を移した中国は都市国家連合としての再興を目指している。一時期は緩和された都市戸籍と農村戸籍の区分は再び厳格化され、農村出身者は移民代わりの低賃金労働者として重宝されている。

アジア内での紛争騒ぎはあるが、上海やムンバイなどアジアの大都市と、日本の大都市間は幸いにも友好的な関係を保っている。奇跡的に平和憲法は維持されたまま、安全保障はグローバル警備会社に依存している。

今でも自衛隊は存在しているが、安全保障がもっぱら「国家」よりも「都市」単位で考えられるようになった現在、その存在感は薄くなった。もっとも、給与が保証されながら複数の資格が取得できるということもあり、自衛隊は若者たちには人気の職業の一つだ。自衛隊に入れなかった若者は民間軍事会社へ入社し、世界中で命を落としている。

一極集中は「自然に優しい」

交付税を打ち切られ疲弊した地方は、コンパクトシティという中規模都市を形成して生き残りを図っている。相次ぐ大地震によって産業リスク回避のため、企業や工場、大学が地方に分散されることが期待された時代もあった。しかし多くのそれらは、ASEAN諸国やBRICS、アフリカなど海外に分散していった。

とはいえ、成功しているコンパクトシティもいくつかある。各省庁ではなく、内閣に特区の権限が一任されたため、実験的な都市が増えた。たとえば法人税を5％にして外国企業の誘致に成功した金融特区都市、あらゆる産業廃棄物の引き受けによって住民サービスを維持させているクリーン都市（と自分たちで名乗っている）、北欧のような高福祉・高負担が特徴だが住民登録制限が厳しい社会民主主義都市。

最近、世界的に注目されているのは千葉農業都市だ。20階建ての農業ビルが建ち並び、首都圏に住む人向けの野菜、果物、卵と肉を生産している。ビルの上階では稲作を行い、下の階では野菜クズを用いてニワトリや魚が育てられている。

僕が若かった頃は、アフリカの子どもたちは鉄分、ビタミン、亜鉛やヨードなど微量栄養素の不足によって命を落としていた。それを遺伝子組み換え食品で解決するという選択肢が自然に取られた。その頃から、遺伝子組み換え食品に対する偏見は徐々に消えていったと思う。

心臓に良いとされるオメガ3脂肪酸が豊富に含まれた豚肉など、今では「体にいい遺伝子組み換え食品」が世界中で当たり前に消費されている。人々の疾病率は劇的に減少した。これも治安維持に貢献しているのかも知れない。

過疎地域や限界集落はこの数十年でどんどん消滅していった。また高度成長期に日本中に張り巡らされた道路や電気といったインフラをそのまま維持することは不可能だった。地方のコンパクトシティを一歩出ると、そこには荒野が広がっているということも珍しくない。一部の動物学者や鳥類学者、日本野鳥の会は嬉しそうにしている。

確かに人間や企業が都市に一極集中する現代は、「自然に優しい」時代だ。上下水道、電力供給、ゴミ収集などが効率化され、エネルギーの消費量が減少するからだ。

中には自給自足農業を続ける村もいくつかある。農業を放棄する人が相次いだため、多くの村では、面積は小さいが豊かな耕地で作物を作ることが出来るようになっていた。

彼らの生活はまるで江戸時代の百姓のようだ。

自家発電設備を保有し、本当の自給自足を目指すコミュニティもあれば、積極的に外部とつながろうとするコミュニティも多い。

たとえば遺伝子組み換え食品が当たり前になった現在、「昔ながらの野菜」は高齢者を中心に人気を博している。栄養価は低いし味もおいしくはないはずだが、「平成時代は良かった」とノスタルジーに浸る高齢者にとって、地方の土で作られた野菜は特別な味がするらしい。ちなみに僕は今も昔も主にチョコレートを食べているので、野菜のことはどうでもいい。

「老人の国」のスラム街

東京の繁華街は一見、活気に溢れている。昔との違いは、そのほとんどが老人だということだ。65歳以上の比率が約4割になったことを考えれば当然だろう。しかも単身高齢者が増えたことにより、街では老人同士が合コンやオフ会をしている。

今の65歳は1975年生まれ。若い頃からインターネット、携帯電話に親しんできた層だ。彼らは年齢を重ねたからといって、その生活スタイルを変えることはなかった。そのような老人たちの生態は、平成生まれ初の東京都知事となった朝井リョウの小説『何者（老人編）』に詳しく書かれている。

「モノを買わない若者たち」と言われていた彼らは、老人になったからといっていきなり自動車を買うとか、海外旅行に行くということはなかった。そもそもお金がない。比較的消費に積極的だった団塊の世代は今や90歳超。介護保険が段階的に縮小される中、自らのストックを食いつぶしながらの自分自身の介護が精一杯である。消費欲が旺盛なのは、もはや一部の富裕層だけだ。

60代以下だと、結婚をせずにシェアハウスで暮らし続けている人も多い。シェアハウスといえば聞こえは良いが、事実上のスラムと化している住居も少なくない。バブル時代に建てられ、築50年を超えて老朽化したマンションに中高年が身を寄せ合いながら住んでいるのだ。

専門性のない中高年が就ける仕事は「移民相当職」くらい。その賃金は驚くほど安いから、多くの人は複数の職業を掛け持ちしている。ベーシックインカムには用途の制限がついているため、ネットワークゲームで遊ぶ分くらいは働かないとならない。

10年、20年後、彼らの介護をどうするのか、まだ解決策は出ていない。

東京の行政サービスの質は最近また低下したようだ。救急車や消防車はお金を払わないと来てくれなくなった。前に訪れたときは気にならなかったが、街中にゴミが散乱する地域が増えたような気がする。２０２０年の東京オリンピックの時に新設されたスタジアムや競技場のいくつかは廃墟になっていた。

1960年代の日本には「においがあった」というノスタルジーが一時期流行ったが、2040年代の東京にも立派な「におい」がある。「におい」を感じなくていいのはゲーテッドコミュニティ型高層マンションに住む富裕層くらいだ。

公立学校からは体育や音楽など実技系の授業が姿を消していた。多額な教育費用がかかるにもかかわらず成果が見えにくいという理由で、教育仕分けの対象とされたためだ。城南地区などでは、地元の住民がボランティアで体育などを教えている。必要は発明の母。最近では日本各地で住民たちによる自発的なコミュニティが生まれているという。

国が終わっても人々は生きる

東京の雑踏に立っていると眩暈《めまい》のような感覚を覚える。日本という国は、いつからこんな姿になってしまったんだろう、と不思議に思う。

ただの「おじさん」のノスタルジーだと思うが、ここは僕の知っている日本ではない。今、国家の役割は、警察機能、安全保障、貧困対策などミニマムな機能に集約されている。「最も成功した社会主義国家」と呼ばれた時代は遥か昔のことだ。

もちろん、日本は世界的に見たらまだ恵まれた方だろう。水や資源を巡る紛争が続く国々もある。中東では「ユース・バルジ現象」に起因する若者たちのテロが相変わらず続いている。若者があまりにも多い国では政情が不安定になりやすい。職や居場所のない者たちがテロや革命に走ってしまうのだ。それらの国と比べると、日本は流血沙汰がないだけマシだ。

しかし相対的に「マシ」であるがゆえに、この国ではあらゆる社会問題の解決が先送りされてきた。社会生物学者のレベッカ・コスタによれば、文明は問題が複雑になり過ぎた時に崩壊するのだという。

たとえばマヤ文明は一つの理由で崩壊したわけではない。気候変動、内情不穏、食糧不足、人口爆発。それらはマヤ文明が崩壊するずっと前から起きていたことだ。しかしある時期からマヤの人々は問題を先送りすることにしてしまった。考えることを放棄したのだ。「何か色々やばそうだけど、もう訳わかんない。別に明日文明が滅びるわけじゃないし」と。

この国も同じかも知れない。巨額の財政赤字、不可解な規制、いびつな世代間格差、高い自殺率。誰もが重大な問題だと気付きながら、「まあ何とかなるでしょ」とその解決を先延ばしにして、場当たり的な対応をしてきた。

そして今までは実際、何とかなってきてしまった。でもこれからは？　この絶望の国に終焉は訪れるのだろうか。

全てを解決するような名案がないことは確かだ。だけどたとえ国が終わっても、人々は生きていかなければならない。新潮新書は今でも奇跡的に刊行が続いているが、先月一番売れた本は三浦知良の『死なないよ』だったという。

おわりに　「おじさん」の罪

日本に潜む「ズレ」について書いてきた。それは言い換えれば、迷走する「おじさん」と、それに割を食う「若者」の物語だったといえる。今の日本を動かしているのは、結局のところ「おじさん」だからだ。

この本を「おじさん」と「若者」の世代間対立として読んだ人がいるかも知れない。事実、本書の仮題は『「おじさん」の罪』だった（その案は新潮社内の「おじさん」たちの反対にあいボツになった）。その「おじさん」は「若者」について語るのが大好きだ。僕自身も求められるままに「若者」について語ってきた。

「物心がついた頃にはバブルも終わっていて、多感な青春時代には平成不況のニュースばかり。今の20代以下は、日本が元気だった頃を知りません。現在の生活に満足はしているけれど、将来に不安もある。身近な世界の中で仲間と共通の価値観を大切にする感性が広がっています。社会学ではコンサマトリーって言うんですけどね」

こんな台詞を何十回言ったかわからない。

確かに僕は、育ってきた時代や環境が近いだけ、「おじさん」に比べれば「若者」の気持ちを代弁することはできるだろう。

しかしひとくちに「若者」といっても、この国は広い。20代に限ってみても、1300万人もの「若者」がこの国にはいる。それでもなお「若者」に共通点はあると思うが、彼らをひとくくりにしてしまうのは暴論だ。

「若者」を一枚岩で語れないように、「おじさん」もまた多様だ。大企業の中で一生を安泰に過ごしてきた人もいれば、不安定な就労を繰り返しながらその日暮らしをしてきた人もいる。口では大きいことを言うくせに実行力がまるでない人もいれば、決して偉ぶらずにスマートに黙々と仕事をこなす人もいる。

僕はこの本で何度か「おじさん」という言葉を使ってきたが、それは何も「中年男性」に限った特徴ではない。比較的、中年男性に「おじさん」は多いと思うが、彼らだけが「おじさん」というわけではないし、彼らのすべてが「おじさん」というわけでもない。

「おじさん」とは、いくつかの幸運が重なり、既得権益に仲間入りすることができ、その恩恵を疑うことなく毎日を過ごしている人のことである。

かつては男性でありさえすれば、多くの人が「おじさん」になることができた。高度成長期やバブル期など、経済成長が続いていた日本では企業社会が積極的に若者たちに対してその門戸を開いていたからである。

はじめは「おじさん」の世界に理不尽さや違和感を抱いていた若者も、次第にそのルールに順応していく。会社のカラーに染まり、組織の意向を疑わなくなり、「おじさん」の世界の一員になっていく。

人は、今いる場所を疑わなくなった瞬間に誰もが「おじさん」になる。たまたまラッキーで「おじさん」になれただけかも知れないのに、それを自分の手柄のように思い込む。そして、「おじさん」界の外にいる「若者」や「女性」に対して冷たくなっていく。自分の幸運を棚に上げて、不遇な状況にある人を自己責任だと切り捨てる。そういった人を、僕は性別や年齢に関係なく「おじさん」と呼ぶ。

しかし今、堅牢だと思われた「おじさん」の世界自体が壊れ始めている。業績の悪化に苦しむ老舗企業、誰も解決策を見いだせない社会問題にたじろく政治家たち。

もちろんさすがに「おじさん」も自分たちの世界の崩壊に気付いている。しかし、その解決策がまた「おじさん」流なのだ。強いリーダー、ポエムのような憲法、東京オリンピック、ソーシャルメディア。そういったもので、社会が何もかも変わることはあり得ない。

「おじさん」は、「今ここにないもの」に過剰に期待してしまい、「今ここにあるもの」に潜んでいるはずの様々な可能性を見過ごしてしまっているのだ。

もし本当にこの社会を変えたいならば、「おじさん」たち自身から変わらなければならない。しかし疑うことを忘れた「おじさん」に、そんなことはできない。そうして発生する「おじさん」の世界を巡る負のスパイラルを、本書では描いてきた。

「おじさん」たちの世界のことを考察することで、なぜ「おじさん」たちが「若者」に興味を持ってくれるのかもわかった。「おじさん」とは自分たちの価値観を疑わない人たちなのである。だけど同時に、自分たちを変えてくれる存在を待っている人たちでもあるのだ。「おじさん」たちは「若者」に倒されるのを、待っているのかも知れない。

しかし僕も「おじさん」をただ笑っているわけにはいかない。なぜなら僕自身、着実に「おじさん」の仲間入りをしつつあるからだ。今年で29歳になり、いつまでも「若者」と言っていられなくなった。また、自分の発言が社会に伝わる機会が増えたという意味でも、「おじさん」の世界の住人になりつつある。

しかし「おじさん」になるのは、悪いことばかりではない。「おじさん」は「若者」よりもパワーを持っている。そのパワーを適切に使うことができれば、社会はきっといい方向に変わっていく。「おじさん」のふりをしながら、「若者」の気持ちを忘れないでいることもできるはずだ。そして「おじさん」と「若者」が手を組むのはそう難しいことではない。「ズレ」はちょっとした工夫で埋めることができる。

この本自体、「おじさん」と「若者」の協力によって生まれた。

本書のもとになった原稿は、紛れもない「おじさん」向け雑誌『新潮45』に掲載された。担当の西山奈々子さんは、どんな「おじさん」からも好かれる才女。毎回のやりとりには、本当にストレスがなかった。編集長の三重博一さんは、「おじさん」濃度が低く付き合いやすい人だ。

今回、新書にまとめるにあたっては、小杉紗恵子さんにお世話になった。とにかく仕事ができる小杉さんには、味方となってくれる「おじさん」も多いが、敵も多そうなタイプ。その小杉さんをいつもあたたかく見守ってくれている編集長の後藤裕二さんの苦労が忍ばれる。

本書は「新潮45」「エコノミスト」「広告」「宣伝会議」「前夜　ZEN－YA」「労政時報」「児童心理」「日経ビジネスオンライン」「日経プレミアPLUS」の記事に加筆を施しました。

古市憲寿　1985（昭和60）年生まれ。
社会学者。東大大学院博士課程在
籍。若者の価値観や生き方を研究。
同世代を代表する若手論客として
メディアでも活躍。著書に『絶望
の国の幸福な若者たち』など。

Ⓢ新潮新書

566

だから日本《にほん》はズレている

古市憲寿《ふるいちのりとし》

2014年4月20日　発行
2014年5月10日　3刷

発行者　佐　藤　隆　信
発行所　株式会社新潮社
〒162-8711　東京都新宿区矢来町71番地
編集部(03)3266-5430　読者係(03)3266-5111
http://www.shinchosha.co.jp

印刷所　二光印刷株式会社
製本所　株式会社植木製本所

ISBN978-4-10-610566-1　C0236

Ⓢ新潮新書

563 とまらない 三浦知良

無理だと周りが思うのは、そんな人が今までいなかった、というだけなんだから——。歩みをとめようとしない「キング・カズ」自身による、前人未到の領域での前進の記録。

558 日本人のための「集団的自衛権」入門 石破茂

その成り立ちやリスク、メリット等、基礎知識を平易に解説した上で、「日本が戦争に巻き込まれる危険が増す」といった誤解、俗説の問題点を冷静かつ徹底的に検討した渾身の一冊。

551 知の武装 救国のインテリジェンス 手嶋龍一 佐藤優

東京五輪、尖閣、CIA、プーチン……全てをつなぐ一本の「線」とは？　最新国際情勢から諜報の基礎まで「プロの読み方」を徹底解説！世界と闘うためのインテリジェンス入門。

530 ネットのバカ 中川淳一郎

ネットの世界の階級化は進み、バカは増える一方だ。「発信」で人生が狂った者、有名人に貢ぐ信奉者、課金ゲームにむしられる中毒者……「ネット階級社会」の正しい泳ぎ方を示す。

501 たくらむ技術 加地倫三

バカげた番組には、スゴいたくらみが隠れている——テレビ朝日の人気番組「ロンドンハーツ」「アメトーーク！」のプロデューサーが初めて明かす、ヒットの秘密と仕事のルール。